Warum und wozu ästhetische Bildung? : Über Transferwirkungen künstlerischer Tätigkeiten. Ein Forschungsüberblick

芸術体験の転移効果

最新の科学が明らかにした人間形成の真実

Christian Rittelmeyer
C・リッテルマイヤー 著
遠藤孝夫 訳

東信堂

Originally published under the title Warum und wozu ästhetische Bildung?
Über Transferwirkungen künstlerischer Tätigkeiten. Ein Forschungsüberblick
by Christian Rittelmeyer
Copyright © 2012 ATHENA-Verlag

By arrangement through Meike Marx Literary Agency, Japan

はしがき

　いま多くの国では、**数学や理科**といったPISA学力調査[*]に関連した知的教育が重要視され、芸術教育は予算削減の憂き目にあっている。その一方で、音楽、美術、演劇などの芸術を重視した教育モデルも実践されていて、一定の支持を受けている。現に、2006年にリスボン（ポルトガル）で開催された国連ユネスコ会議は、芸術教育の重要性を再確認することを目的としていた。しかし、芸術教育の重要性を根拠づけるための学問的検討はまだ十分ではない。このような状況では、仮に外国語の知識や数学的・自然科学的能力、読解能力が、これからの社会にとっての意義を明らかにできないことにでもなれば、音楽や演劇や絵画などの芸術体験はなおのこと、不要なものと見なされてしまうことだろう。

　本書は、いわゆる**転移効果研究**、つまり芸術教育が青少年の認知的・社会的・道徳的能力に及ぼす作用に関する実証的研究の成果を総合的に検討したものである[1]。もちろん、芸術教育を、「転移効果」という、いわば手段的側面からだけ考察することは誤りかも知れない。芸術教育の意義については、哲学史上長い伝統を有している美的理論も重要な知見を提供してくれる。ま

---

[*]訳注
　OECD（経済協力開発機構）が、2000年から3年毎に実施している、15歳の生徒を対象とした国際的な学習到達度調査のこと。PISA学力調査では数学的リテラシー、科学的リテラシー、読解力の3分野について、基礎的・基本的な知識・理解のみならず、主として知識・理解を用いた課題解決能力が測定される。なお、1回目(2000年)、2回目(2003年)、3回目(2006年)のPISA調査で、日本の国際順位が下がったことが「学力低下」を証明したこととして一般に理解され、いわゆる「ゆとり教育」の見直しが加速することとなった。

た、**自伝的文学作品や芸術教育に関する実践記録**、さらには芸術作品が持つ潜在的な教育力を詳細に分析することも、芸術教育の意義を総合的に検討する素材となるだろう。しかし、本書では、こうした芸術教育の発展的な研究側面については、その輪郭のみを言及するにとどめている。本書の主眼は、あくまで転移効果研究にある。

最近では、芸術体験が青少年の認知的・社会的・道徳的能力に及ぼす転移効果については、多くの研究がなされている。とりわけ多いのは、**音楽鑑賞や音楽演奏が認知能力に及ぼす作用**についての研究である。その次に、造形、演劇、そしてダンスの転移効果についての研究もある。これに対して、文学作品の転移効果は、これまでのところ研究の対象とはなっていない。芸術活動が個々人の内部でどのように受け止められ、さらにどのような作用を及ぼすのかという論点への重要な洞察を可能にしてくれたのは、**脳科学研究**である。確かに、以上のような多くの研究成果については、その研究方法の信頼性や、こうした方向で研究を行うことの必要性をめぐって、部分的には激しい論争が展開されていることも事実である。にもかかわらず、確認すべきことは、子どもたちは、その知的能力や創造性、周囲の環境に対する感受性、そして社会的・道徳的能力を、芸術活動を通して向上させることができるという事実である。この転移効果は必ずしも全ての子どもに見られるものではない。転移効果がどこまで続くのか、その持続性についての研究もまだ不十分である。さらに転移効果といっても、多くの場合には劇的な効果は望めず、ごく僅かな効果となっている。しかし、確かな実証的根拠に基づいて主張できること、それは芸術体験は多くの子どもたちの教育機会を改善させることができるということである。

そこで以下の本論では、どのようにして移転効果を確認することができるのか、また転移効果のためには、どのような芸術教育を行うべきか、詳細に検討する。とりわけ、転移効果が可能となるのは、大まかに言えば活動的な芸術活動が行われていること、一定年齢以上の子どもの場合には、省察的な芸術活動がより効果的であることを指摘する。つまり、受動的な芸術体験よ

りも、知的にも感情的にも能動的な芸術体験が、直接的な芸術体験を超えて、人間形成的作用を及ぼすことを明らかにする。

『芸術体験の転移効果——最新の科学が明らかにした人間形成の真実——』／目次

はしがき　i

序章 ……………………………………………………………3
- ●ユネスコのリスボン会議　(3)
- ●芸術教育の目的と理念の8類型　(5)
- ●芸術教育の転移効果研究の重要性　(8)
- ●芸術教育の学問的議論に不可欠な5つの研究領域　(11)

第1章　芸術体験の転移効果研究への導入 ……………14

第2章　音楽の転移効果 …………………………………19
- ●モーツァルト効果　(19)
- ●音楽教育の言語能力への転移効果　(23)
- ●グレボスの研究成果　(28)
- ●バスティアンの研究成果　(34)
- ●脳科学研究の成果　(35)
- ●音楽の転移効果に関する2つの研究レビュー　(45)
- ●音楽の転移効果研究に対する疑念の検討(1)　(47)
- ●音楽の転移効果研究に対する疑念の検討(2)　(52)

第3章　演劇およびダンスを中心とした芸術教育の転移効果 ……… 57

- ●ダンスの転移効果　(58)
- ●スペルキの研究成果　(62)
- ●演劇の転移効果　(67)
- ●芸術教育の転移効果の新たな側面　(73)
- ●ディージーらによる研究成果　(77)
- ●人間の一生に果たす芸術体験の役割　(78)
- ●ウィナーらによる転移効果研究への批判　(87)
- ●ビジュアルアートの教育を通して獲得される能力　(90)

終章　今後の展望 ……… 93

- ●考察のまとめ　(93)
- ●転移効果研究の方法論上の問題　(95)
- ●「時間生物学」の可能性　(96)
- ●シラーの美的人間教育論からの示唆　(101)
- ●芸術を包摂した学習環境　(103)
- ●学習環境の芸術化の事例　(105)
- ●芸術重視の学校教育の適切な評価　(107)

原注 ……… 111
訳者あとがき ……… 130
事項索引 ……… 135
人名索引 ……… 137

芸術体験の転移効果
―― 最新の科学が明らかにした人間形成の真実 ――

序章

●ユネスコのリスボン会議

　2006年3月、リスボン(ポルトガル)において開催された国連・教育科学文化機関(ユネスコ)の会議では、世界100カ国余りから1000人を超す参加者が、芸術教育の役割について討議した。「21世紀における創造的能力の開発」というこの会議の全体テーマには、これからの社会では芸術教育が不可欠の活動であるとの主張が込められていた。ユネスコ事務総長の松浦晃一郎は、この会議の開会挨拶の中で次のように強調した[1]。

　「多くのグローバルな課題に直面している世界では、創造性と想像力、そして精神的な柔軟さこそが根本的な能力となる。そして、こうした能力は、芸術教育を通して開発されることができる。従って、芸術教育ないし文化教育は、科学技術に関する能力や学問的能力の育成と同様に重要なものである。」

　続く基調講演では、認知科学者で脳科学者でもあるアントニオ・ダマシオが、次のように力説した。すなわち、認知科学上の知見に基づけば、技術革新を担う創造的な市民の育成のためには、数学や理科に関わる教育だけでは不十分である。むしろ芸術教育や人文科学の教育が、それらに劣らず重要である。加えて、神経科学と心理学の研究が明らかにしてくれているように、芸術教育や文学教育は情緒の安定の役割を担い、この情緒の安定が学問の知

識を教育するための基礎ともなっている。従って、芸術教育や学校演劇、文学教育、そして音楽、つまり広い意味での芸術や人文科学は、決して贅沢品ではなく、情動の安定と道徳的・社会的能力の育成にとっても極めて重要なものである、と。

さらに、ロサンゼルスにあるゲティ財団*の上級顧問を務めるケン・ロビンソンは、同じく基調講演において、世界的規模で急速に進行している教育システムの危機的徴候に注意を喚起した。彼によれば、今日の教育システムは常に次のようなヒエラルキー（階層構造）に従っていると言う。すなわち、最上位には母国語と外国語の能力、自然科学と数学が位置づけられ、その次に人文科学の各教科が、そして最下位に芸術が位置づけられる。さらに芸術の中にも階層が存在しており、造形や音楽はより価値が高く、ダンスと演劇はより価値が低いと見なされている。しかし、ロビンソンは、こうしたヒエラルキー的構造は厳しく批判されなければならないと言う。何故なら、芸術教育は、人間の成長・発達のためには、自然科学的知識や読解力と同等の価値を持つものであるからである。

基調講演とその後に続いた会議のいずれにおいても、芸術教育ないし美的教育は、現在の教育論議では優先的位置を与えられている数学教育や自然科学教育、読解力教育と比べても、**同等の教育、そして将来の社会にとって根本的な教育**として奨励されるべきことが明確にされた。同時にこのユネスコ会議は、音楽、演劇、造形、文芸、ダンスなどの**芸術活動を考慮に入れた、客観的な根拠に基づいた教育論議**の必要性を求めた会議でもあった。

---

*訳注
　石油事業で莫大な資産を残したポール・ゲティが創設した財団で、芸術機関としては世界一の資産を保有しており、ロサンゼルスにゲティ美術館を開設している。

●芸術教育の目的と理念の8類型

　オーストラリアの研究者アンネ・バンフォードは、今回のユネスコ会議に合わせて、芸術教育の確立と復権をめぐる世界的規模での動向を総括して、『ファクター：驚嘆』と題する著書を刊行した[2]。この著書によれば、40カ国以上の国々からの報告は次のことを示している。「芸術教育」は、アフリカ、ヨーロッパおよびアジアの諸国において様々に定義されてはいるが、ほぼ共通に確認できることは、絵画、音楽、工芸が芸術教育の中心的領域とされていることである。加えて、調査した約75％の国々では、造形および彫刻、ダンス、演劇も芸術教育の領域に含められていた。芸術教育の根拠と目的については、その多様性が明らかとなった。バンフォードは、芸術教育の目的と理念を8項目に類型化している。以下は、バンフォードの分類に私の補足的説明を付加して、芸術教育の目的と理念に関する8つの類型を示したものである。

①**技術主義的な目的**：特に一国の経済的生産能力にとって重要となる諸能力、つまり着想豊かな思考能力、科学技術に関する豊かな発想力、空間認知能力などが、芸術教育を通して育成されることが強調される。

②**発達心理学的な目的**：例えば、歌を歌うこと、リズムに合わせて動くこと、絵を描くようなことが、子どもの身体的・心理的発達にとって本質的に重要な表現様式であることが強調される。

③**表現形態としての芸術という目的**：芸術行為の過程で、創造性、想像力、そして自己信頼感が育成されることが強調される。このことは、個人的に行う能力開発として、また時には心理療法の結果としても報告される。情緒的能力と知的能力のバランスもまた、芸術活動を通して達成され、促進される。

④**認知能力を重視した目的**：芸術活動を通して子どもたちの知的能力が促進されることが期待されている。この考え方に従えば、芸術教育によっ

て、創造的かつ実践的に思考する能力、空間認知能力、計画的に行動する能力、人間関係能力、その他の認知能力が促進される。

⑤**審美的な目的**：審美、つまり美を的確に見極めることは、本来はあらゆる芸術活動の根底にあるものではあるが、そのことは必ずしも常に意識されている訳ではない。ここでは、ある絵画や合唱曲といった芸術作品の内的構成に取り組むこと、つまり美そのものへの導入が中心に据えられる。

⑥**コミュニケーションとしての目的**：芸術は一種のコミュニケーションの形態、つまり1つのシンボル化された言語であり、人間相互の理解を可能にする特別な手段として見なされる。

⑦**文化的手段としての目的**：芸術は、常に社会の構成員としての自己規定や、相互の社会的差違化のためにも貢献する。それは例えば、ある特定の「古典派」や伝統主義を表すこともあれば、好みの定義を表すことも、芸術的な専門技能を表すこと、そして現代アートに対する好悪を表すこともある。こうした観点では、カリブ海諸国の中には、芸術的な髪型を創作することが芸術教育として取り組まれている国があることは、興味深い。

⑧**ポストモダンとしての目的**：この一見すれば的外れとも思われるバンフォードによる概念規定は、主に伝統的な芸術の観念を修正すること、あるいは新たな芸術の方向性を考案すること（新しい情報伝達手段を用いた作品制作のような）を意味している。

以上のようなバンフォードによる芸術教育についての総括は、**それぞれの国での芸術教育の体制や形態、授業方法に関する議論を、必ずしも正しく位置づけたものではない**[3]。加えて、ヨーロッパにおける芸術概念を、その他の地域のそれ（例えば、日本の芸術概念）と対比させて考察したものでもない。芸術教育をどのように理解するかは、本来、それぞれの国における芸術概念の定着の仕方や論議の有り様に大きく左右されるものである[4]。しかしなが

ら、バンフォードの報告書によって、芸術活動は学校教育でも学校外教育でも、広く世界的規模で実践されていることは明瞭に示された[5]。従って、ユネスコの委託でまとめられたこの報告書とリスボンでのユネスコ会議は、PISA学力調査や学校教育カリキュラムの国家基準(教育スタンダード)が一大潮流となった現代にあっても、芸術教育が決して軽視されるべきではないことを警告したものと理解すべきである(現実には、芸術教育の軽視が様々な形で現れているのだが)[6]。

今日では、芸術教育についても、その効果の診断手続を開発する試みは行われているが、それらはまだ十分なものではない。そもそも、演劇活動が青少年に与える効果や、女子生徒がある詩を芸術的に解釈したということを、私たちはどのように「評価」したらいいのだろうか[7]。芸術活動が学校教育の中で常に「周辺教科」へと追いやられてしまう背景には、芸術活動の教育的効果を確認するための信頼できる標準的指標や判定の可能性が欠如していることがある。芸術教育の軽視という傾向は世界的に確認ができる。例えば、アメリカでは、ブッシュ政権による「落ちこぼれゼロ・プロジェクト」によって、この傾向は著しく加速された。それどころか近年では、PISA学力調査結果の成績上位国であるフィンランドのような国でさえ、こうした傾向が確認される[8]。アメリカと同様にドイツにおいても、数学や自然科学の教科を優遇するために、芸術教科の予算が削減されたり、少なくとも芸術教科の位置づけは下げられている。もちろん、こうした芸術教育の軽視という傾向に対抗して、上述のユネスコ会議のように、多くの批判的発言や抗議活動も展開されている。ユネスコのリスボン会議には、「芸術を通した教育のための世界会議」(InSEA)、「世界音楽教育協会」(ISME)、「世界演劇教育協会」(IDEA)などのNGO組織も参加していた。アメリカでは、1994年に、「芸術教育パートナーシップ」(AEP)が設立され、そこには教育界、経済界、芸術界、そして州や連邦政府からも、合わせて100を超す組織が加盟している[9]。

●芸術教育の転移効果研究の重要性

　ここで確認すべきことは、芸術教育の重要性を一方的に断言したり、芸術教育が世界的に普及していることを指摘するだけでは、十分ではないということである。つまり、それだけでは、現代の工業化社会や情報化社会における職業生活を営む上で重要と目されているPISA型能力(数学的能力、科学的能力、読解力)と同じ価値があるものとして、芸術教育を位置づけたことにはならない。そもそも、芸術教育が現代社会や日常生活にとって重要な役割を果たすことは、議論されているのだろうか。青少年は演劇活動や学校の音楽教育を通して、職業遂行に必要などんな能力を学んでいるのだろうか。

　芸術教育の専門雑誌に掲載された実践的指導法の論文に目を通すと、芸術教育の目的に関わっては、芸術の直接的な側面を越えた、社会的にも重要な能力、つまり文化的能力、社会的資質、複雑な現象に対する洞察力、寛容さ、表現力あるいは創造性の育成といった目的を確認することができる。こうした典型的事例として、音楽重視の学校の存続を擁護した論文では次のように指摘されている。すなわち、音楽教育は、「若者を強固にして」、「若者の自己信頼感、自己有用感、そして判断能力を強化する。さらに若者一人ひとりを共同体活動へと導き、社会的に良好な行動を行う能力を発達させる。異なる文化や過去の文化と活動的に対話することは、自らが生きている現在への橋渡しとなり、均衡感覚と寛容さを育む。」[10] また、ドイツ・ヘッセン州のシュタインヴァルト中等学校は、「文化的実践」を重視した教育活動を行っており、その教育目的として、特に個性の発達、自尊感情の強化、そして創造性の育成を掲げている。こうした目的設定は、芸術教育を重視した学校教育の典型的なものとなっている。さらに、アンジェ・シュテンフィッヒは、演劇教育プロジェクトを総括した研究において、教育目的に関する豊富な資料を提供している。それによれば、教育目的として特に挙げられているものは、社会性と感情移入能力の促進、批判能力の育成、責任遂行能力の向上、さらに自信と自己信頼感の育成、創造的な行動能力と感覚的知覚能力の向

上、集中力と注意力の向上などとなっている[11]。加えて、芸術活動は、生き方の方向づけ、「センスの良さ」の促進、そして内容豊かな感覚の育成にも寄与することが指摘されている[12]。

　国家が定める学校教育の指針のみならず、最近では様々な学校における一般的なカリキュラムにおいても、芸術教育の目的として、芸術に直接関連する知識や能力を大幅に超越した教育目的が掲げられている。例えば、音楽教育は、知覚能力の向上と受容能力の形成、価値観の発達をもたらし、聴力を訓練し、構造や秩序を認識できるようにし、表現力を訓練し、情緒も豊かにすると言う。また造形教育についても、次のような教育目的が挙げられている。すなわち、造形教育は、絵画に関する省察力と観察・表現能力を訓練する、社会を共同で形成する能力と社会的責任観を促進する、感覚的知覚能力を育成する、知覚可能な現象を見ること・感じること・観察することを訓練する、自己の立ち位置を基礎づけたり、環境を意識的に知覚する能力を促進する、余暇を有意義なものへと充実させる、などである。加えて、批判意識と根気強さが促進される、とも言及されている。

　以上のように、教育実践上も国家機関が制定する教育指針においても、芸術教育はもはや芸術には限定されない、芸術以外の側面（例えば、職業世界や仲間集団との関連で）において重要な役割を果たす能力の習得と関連づけられている。芸術体験を通して獲得される能力が芸術以外の生活領域へと「移行」することは、能力の「転移」(Transfer)と表現される[13]。この「転移」という概念は、いわゆる転移研究に由来するものであるが、芸術教育を価値づける上で根本的に重要な概念となっている[14]。

　芸術体験がもたらす転移効果については、芸術教育を根拠づけようとする実践志向の学術文献においても、頻繁に強調されている。例えば、ディー・ディキンソンは、学校の教育予算の25％以上を芸術科目（ダンス、演劇、音楽、絵画など）に配分しているアメリカのモデル学校の評価報告において、次のように述べている。こうしたモデル学校の子どもは、「通常の学校」の子どもと比べて、特に聴覚に関する認知能力の高さ、一定の課題を計画的に解決

する手際の良さ、多様な観点を考慮して自らの判断を行う能力の点で優れている[15]。芸術教育は、今後の職業生活が必要としている諸能力のための最良の準備でもある、と。産業界が学校教育に求める能力は何かをまとめたアメリカ労働省のレポート(SCANSレポート)では、今後の職業生活の中で十分な成果を上げるために必要な決定的能力として、次の5つの基礎的能力が指摘されている。

①資源(時間、お金、資料、人材)を適切に活用する能力〈資源〉
②他者や社会と関わるための能力〈人間関係能力〉
③課題に応じた情報を収集・活用する能力(コンピュータによる調査など)〈情報〉
④社会、組織、技術等のシステムの理解能力〈システム〉
⑤情報処理能力(例えば、装置や機械の理解、経済的流れを理解し、資料や労働技術を活用する能力)〈技術〉

ディキンソンによれば、ここで提示された諸能力は、まさに芸術行為によって促進されると言う。例えば、情報処理能力は、絵画を描く際の適切な色彩や絵筆の選択行為によって、あるいは演劇を行う際の舞台装置の準備によっても促進される。人間関係能力は、オーケストラ演奏においても、また異なる文化的背景を持つ人々で構成された演劇グループにおいても促進される、と言う。

以上のような文化振興に関わる行政機関や教育方法に関する専門的論議の事例からも、芸術体験の転移効果という問題は、決して特殊な学問上の問題ではないことが理解される。それだけに、芸術教育の転移効果について、実証的にその妥当性を検証するという研究課題が浮上してくることになる。もっとも、学問的議論の中では、芸術を転移効果という観点からのみ考えるべきではないことは、絶えず指摘されている。同様に、芸術体験は、芸術を越えた作用を及ぼすかどうかに関係なく、その人にとっての人格的価値を有することも強調されている。2007年8月4日付の『ニューヨーク・タイムズ』紙の記事で、転移効果に批判的な寄稿を行ったロビン・ポグレビンは、ある

転移効果研究者の発言を引用している。この転移効果研究者は、芸術教育を転移作用という道具主義的な教育目的からだけ正当化することを警戒して、次のように述べていた。

　「こうした道具主義的な議論は、芸術教育の意義を低下させてしまう。何故なら、こうした議論は容易に次のような事態を招くことになるからである。すなわち、学校長は次のように宣言することになるだろう。もし音楽の転移効果が、音楽教育を学校において実施することの唯一の根拠であるとすれば、我々はむしろ数学の時間を増やすべきであろう。」[16]

　転移効果の側面ばかりに着目して芸術教育を正当化する考え方（典型的には教育方法に関する多くの報告に見られる）に対する疑念のために、特にドイツ語使用諸国では、演劇、ダンスおよび造形に関する転移効果研究は懐疑的なものと理解されている。この結果、ドイツ語使用諸国では、アメリカとは異なり、これらの芸術分野に関する転移効果研究がほとんど存在しないことになった。この点では、音楽の場合は事情が異なっている。音楽に関する転移作用の研究が数多く存在する理由については、次章で詳しく説明することにしたい。それにしても、こうした転移効果研究を支持するにせよ反対するにせよ、転移効果研究に関して批判的議論が起こったことは、結果として芸術教育の根拠やその目的についても実に多様な判断が現れることになった。その際に無条件に注目されて然るべきであるにもかかわらず、これまでの芸術教育の研究ではほとんど関心が向けられてこなかった論点について、ここで手短に説明しておくべきだろう。

●芸術教育の学問的議論に不可欠な5つの研究領域

　芸術教育に関する学問的な議論のための基盤として、また芸術教育の本質に迫ることができると思われる研究上の論点として、私は以下の**5つの研究**

領域があると考えている。

①転移効果研究：この研究領域は、目下多様に展開されている分野で、音楽教育や演劇といった芸術活動が青少年の認知的・社会的・情緒的発達に及ぼす作用を明らかにしようとするものである。以下の本論では、主としてこの転移効果研究を検討することになる。同時に、それ以外の研究領域も、何故、そしてどのように注目される必要があるのかも明らかにしようと考えている。まずは5つの研究領域の概要を明らかにして、どこに多くの転移効果研究の問題があり、時には失望させられるような結果となるのは何故なのかも明らかにする。こうした考察によって、学校や幼稚園における今後の教育評価の研究の確かな見通しが持てるようになる。また、心理学の分野では広く行われている「受容に関する研究」を、転移効果と関連づけて検討してみたい。というのも、芸術の作用は、芸術を青少年がどのように知覚するか(受容するか)を明らかにすることによって、初めて理解できるからである。さらに、個別の事例に則した研究、つまり、芸術の習得とその行為が個々人に及ぼす作用の詳細な考察も、転移効果研究の中では重要である。もっとも、こうした受容研究と個別事例研究という2つの研究の方向性は、本書ではごく簡単に指摘する程度に止めている。この方向性は、転移効果研究の中では、まだ注目されていない分野だからである[17]。

②「成功した」と評価される実践的プロジェクト：例えば、音楽重視の幼稚園や学校、演劇や表現活動を重視した学校、困難な生育歴の青少年に対する学校外でのダンスプロジェクトなどに関する研究のことである。

③芸術教育や芸術作品の**構造分析**：例えば、ベートーベンの室内楽作品を練習することが、ビートルズの歌の練習とは異なる特別な体験となる根拠を、現象学的に解明する研究である。あるいは、世界文学のあるテキストが内包している「人間形成的意味」、芸術教育として石の彫刻を彫ることや演劇における即興的演技を行うことの「人間形成的意味」を分析す

る研究である。この構造分析は、教育科学の文献の中では、このところ頻繁に確認することができるようになってきた。

④**個々人の生い立ちに関わる体験の研究**：つまり、個々人の人間形成過程において、重要な役割を果たしたと考えられる芸術体験に着目した伝記的な経験分析の研究である。

⑤**芸術体験の理論研究**：この研究は、芸術体験とは何か、また芸術体験に含まれないものは何か、といった**概念上**の問題の解明にとって重要となる研究である。

これら芸術教育(芸術体験)に関する5つの研究の方向性は、いずれも一つの内的な関連づけの下で考えられる必要がある。例えば、第3の構造分析は、第5の芸術の概念とも関連づけて解釈されることが必要であり、またそのことで導かれた**仮説**は、第1の転移効果研究によって実証的に検証される必要がある。また、認知能力に対する芸術教育の転移効果が確認されるとすれば、芸術教育のプロジェクトを実践する学校の教育効果を、適切に評価できるような仕組みの開発が要請されることになるだろう。しかし、現時点では、これら5つの研究領域の統合という目標にはほど遠い状況にある。以下の本論においては、これら5つの研究領域が一瞥されることになるが、既に述べたように、あくまでも**転移効果研究**に主眼が置かれることになる。21世紀に必要なものとして希求されている一連の人間の資質能力、すなわち創造性、柔軟な思考、空間認知能力、学問的遂行能力、そして情緒に関わる能力は、芸術体験によって促進することができること、そのことを明らかにしてくれるのは、まさに転移効果研究だからである。

第1章
芸術体験の転移効果研究への導入

　国際的な研究は、芸術体験が青少年の認知的・社会的・情緒的資質に対して著しい作用を及ぼすことができることを、多くの根拠によって示している。しかしながら、こうした研究成果に関する**総合的な**レビュー（総括）は、今のところ欠落している。テーマや調査対象の使用言語を限定した**特殊な**レビューであれば、既に述べた通り若干は存在する。例えば、『芸術教育ジャーナル』誌の2000年の特集号は、文献の統合的で方法批判的な分析、いわゆるメタ分析の手法に基づいて、主として音楽教育と芸術教育の転移効果に関する研究状況のレビューを行っている[1]。この特集の執筆者は、学業成績の観点からの転移効果に限定し、しかも英語使用諸国の文献に限定した分析を行っている。分析の結果として、執筆者は、調査した文献の一部については、転移効果は確かに存在すると評価する一方で、それ以外の文献については、転移効果があると結論づけるには方法論的に不十分であると論じている。

　同様に、2002年に刊行されたリッカルド・ディージー編集による『批判的リンク：芸術における学びと学業成績および社会性の発達』[2]も、英語使用地域における実証的研究の文献に限定したレビューである。ディージーは、方法論的に優れた62編の文献を「芸術を通した学び」というテーマから分析し、芸術教育（学校外でのそれを含む）は社会的能力と学業に関する能力にも著しい作用を及ぼすとの結論を導いた。興味深い点として、本書は、社会的に不利な条件の子どもたちへのプロジェクトに分析の主眼を据えていた。そこでは、社会的条件の悪い子どもの成長や社会化にとって、特に演劇と絵画が効果的であることが明らかにされている。というのも、こうした芸術活動を

通して、通常の授業における場合と比べ、感情的にも社会的にも、さらに認知の点でも、子どもたちはより幅広い作用を受けることになるからである。

　転移効果研究と現実モデルとの結合の必要性という観点からは、映像で記録された実践で、大きな反響を呼んだ実験的試みである『ベルリンフィルと子どもたち』*が想起されることだろう。この試みは、先に述べた研究文献が導き出した結論を極めて分かりやすく示してくれている。この記録映画は、ベルリン・フィルハーモニーと指揮者サイモン・ラトルが、25カ国出身の250人の子どもたち（その大半はベルリンの「問題学校」の生徒たち）と一緒に行った活動を、感動的に記録したものである。ダンス教師の指導の下で、子どもたちはストラビンスキーのバレー音楽の稽古を行った。映画は、子どもたちが少しずつ上達する過程で、どのようにして自己変革を遂げていったかを明らかにする。同時に、こうした実験的試みの困難さも明らかにされた。同じく、ミュンヘンの問題を抱える地区で実施されたプロジェクト、〈Thealimuta〉も示唆に富む。〈Thealimuta〉という名称は、Theater（演劇）、Lieder（歌）、Musik（音楽）、そしてTanz（ダンス）の頭文字をつないで付けられている。プロジェクト〈Thealimuta〉は、1996年に障害児学校の教師が立ち上げたもので、過去に犯罪歴があったり、少数民族上の問題を抱えていたり、崩壊した家庭の出身であったり、学校も休みがちなど、問題の多い子どもたちを対象とした取組である。『現代の心理学』誌上でも報告されているように、多くの見学者の証言によれば、このプロジェクトを通して、子どもたちは、心理的に落ち着きを強め、喧嘩に巻き込まれることが少なくなり、規則的に通学するようになり、さらに異なる文化や民族出身の移民の子どもとも礼儀正しく付き合うようになったという[3]。もとより、いま取り上げた2つのプロジェクトは学問的に検証されたものではないが、それでも上述のような研究成果の知見を踏まえれば、十分に納得できるものであると思われる。

＊訳注
　　元々のタイトルは"RHYTHM IS IT!"であるが、日本では2005年にTCエンタテインメント社から、『ベルリンフィルと子どもたち』のタイトルでDVD発売された。

ハンス・バスティアンは、その著書『音楽および音楽教育とその作用』の中で、**歌を歌うこと**と**音楽を聴くこと**の転移効果という論点に関して、これまでの歴史的仮説と実証的研究とを総括的に検討した。とりわけ、音楽教育には知的側面を促進する作用があるとする研究に焦点が当てられている[4]。同様に音楽に注目したものとして、ドイツ連邦教育研究省に提出された報告書がある。この報告書は『モーツァルトは人間を利口にするか？』と題して刊行された[5]。リューリヒの脳科学者ルッツ・イェンケによる類似した題名の著書も、音楽の転移効果に限定した研究レビューである[6]。この２つの報告書については、後ほど詳しく検討することになる。

一方、序章で取り上げたバンフォードの報告書は、その第7章(103頁以下)で、音楽と音楽以外の芸術分野にも関連した英語使用諸国における重要な研究に若干言及している。例えば、カナダの研究プロジェクト「**芸術を通した学び(LTTA)**」に関しては、次のような成果が記述されている。すなわち、このプロジェクトの参加者は、同種の芸術経験がない統制群と比較して、読書に喜びを感じるようになり、テレビゲームやテレビ番組を利用することがより減少し、さらに言語や数学ではより優れた成績を収めたと言う[7]。同様の結果は、オーストラリアの研究プロジェクト「**教育と芸術のパートナーシップ・イニシアティブ(EAPI)**」でも示されている。さらに、オーストリアの雑誌〈K Transfer〉とのインタビューの中で、ある女性研究者は自らの研究の結果を次のようにまとめている。なおこのインタビューで彼女は芸術教育を「文化交流」という広義の概念で使用している[8]。

「文化交流は、75％の国々において学業成績を改善した(特に読解力と記述能力、それと言語習得の点で)、という印象を与えるものとなった。また文化交流は、父母、生徒、そして地域社会が学校に抱く感情を改善させる効果をもたらした。さらに、文化交流は、子どもの認知能力の発達、健康と幸福感への積極的な作用を及ぼしていると考えられる。加えて、文化交流は、協力的な活動、敬意の感情、責任意識、寛容さと尊敬の心情を

高め、社会文化的な理解の促進にも確かな作用をもたらすことが明らかとなった。多くの芸術や文化を取り入れた教育プログラムは、授業の中での密度の濃い対話を促進して、学校生活を通して高い水準の求心力と規則正しい登校をもたらす（特に社会的に不利な立場に置かれた、いわゆる「周辺グループ」の子どもたちの場合）と考えられる。」

しかし、バンフォードの報告書にはいくつかの問題点がある。その1つは、英語以外の言語で執筆された数多くの研究成果（恐らくはそれらの研究はバンフォードには未知のもの）への言及が欠落していることである。加えて彼女の報告書では、英語による研究成果であっても、重要なものが見落されていたり、また過小評価されるという問題が見られる。さらに、バンフォードの報告書が刊行された後も、多くの新しい研究成果は出されており、例えば**脳科学**の研究成果は、芸術活動が青少年に顕著な作用を及ぼしていることを明らかにしている。脳科学による重要な研究成果については後ほど述べることになるが、その研究成果の一部は、アメリカの公益財団である「ダナ基金」によって刊行された[9]。従来の多くの転移効果研究に見られる根本問題の一つは、例えば、音楽家は音楽家ではない人と比較して空間認知能力が高いと指摘したとしても、それはあくまで**相関関係的な**傾向を示したにすぎず、音楽を演奏することが空間認知能力の**原因**となっているのか否か、つまり因果関係を明らかにしたものではないという問題であった。

こうしたことから、音楽を演奏する人間、絵画を制作する人間の脳神経の活動を詳細に観察することによって、芸術活動の**作用メカニズム**についての確かな知見の発見が期待された。2004年、芸術行為と脳細胞の特殊な活動との関係についての実証的研究を報告する目的で、ミカエル・ガザニガを代表者として、アメリカの7大学から指導的な脳科学者が招待された。研究者たちは、子どもの一般的な注意能力、音韻認知能力、数学的能力、学習動機、その他の能力に対する芸術体験の転移効果に関する研究報告を行った。決定的なことは、芸術行為を通して、ある特定の脳神経領域と神経構造のシステ

ムの変更が生じることが発見されたことであった。同時に、この脳科学の分野でも、最終的な結論のためには、さらに研究の継続が必要であることも明らかとなった。なお、脳科学に基づく転移効果の研究は、「神経科学と認知科学のためのマックス・プランク研究所」(ドイツ・ライプチヒ)やアメリカのスタンフォード大学とハーバード大学など、相当数の研究機関でも行われている。

　以上、若干の事例を挙げたが、転移効果研究を一瞥すれば明らかになるように、これまでは特に**音楽**の転移効果について活発に研究され、造形や表現芸術はごく最近になって研究の対象となってきた。ただし、文芸作品を読書することによる転移効果に関しては、これまではまったく研究されていない。「国際経験的芸術協会」(IAEA)などの国際会議からも確認できるように、芸術的な環境構成、音楽的な体験、芸術活動を通した情動教育といった諸課題は、ますます学際的に、つまり芸術家と芸術学者と神経学者による共同研究の形で研究されつつある。今や転移効果の研究対象は芸術体験の**あらゆる領域**へと拡大されつつある[10]。しかしながら、こうした国際会議における研究成果も、これまでは総括的に検証されることはなかったのである[11]。

第2章
音楽の転移効果

●モーツァルト効果

　いわゆる「モーツァルト効果」は、音楽の演奏や音楽を聴くことが及ぼす転移効果の典型事例として、極めて頻繁に議論されてきた研究テーマである。1993年、アメリカの研究者によって、モーツァルトのピアノソナタは学生の空間認知能力への転移効果が認められる、との研究成果が発表された[1]。その実験では、学生に10分間ピアノソナタの一節を聴かせた後、一定時間安静にしておいてから、空間認知能力の検査が行われた。その結果、緊張緩和の音楽や物語を聴くことと対比して、モーツァルトのソナタを聴いた場合には顕著な効果が現れることが明らかとなった。空間認知能力は、多くの知能検査において、知性の1つの特性とされていることから、モーツァルトのソナタを聴くことは、一定程度の認知能力を向上させる効果があるとの結論が導かれた。

　以上のようなモーツァルト効果に関して、同様の結論を確認する継続研究が行われる一方で、必ずしも同じ結論ではない研究成果も発表された。それでも、その後のアメリカでは、幼稚園においてクラシック音楽の日が設けられたり、子どもの知性を育成する目的からモーツァルトのソナタを聴かせることが奨励されたりもした。つまり、アメリカでの研究は、現実の教育プログラムに絶大なる影響を及ぼすこととなった[2]。しかし、別の研究では、こうした効果は確認されなかったことは驚くに価しない。モーツァルト効果は存在するとしても、その効果が全ての人に現れる訳ではないからである。と

いうのも、音楽作品を能動的に聴くことができるためには、まずそうした音楽作品に対する感受性が前提要件となるからである。実際、モーツァルトの音楽に対する聴き手の優先的好みがある場合には、モーツァルト効果が顕著に現れることが、実証されている[3]。同じモーツァルトの曲であっても、転移効果は聴き手のその時々の気分によっても影響されること、バッハやシューベルトの音楽を聴く場合やある物語を聴く場合にも転移効果が現れること、そして移転効果は長い間は続かないことも明らかにされてきた[4]。さらには、モーツァルト効果に関する研究成果を概観したある研究では、この転移効果は、「一般的な知性や認知能力を向上させる効果はない」、「それは、被験者が好きな音楽や心地よいと感じる音楽を聴くことによって、一時的に認知的な興奮状態と気持ちよさの状態になることで現れる現象にすぎない」、とさえ指摘されている[5]。こうした指摘については、後ほど改めて批判的に検討することになる。いずれにしても、モーツァルト効果を十把一絡げにして否定する主張は、納得の行くものではない。何故なら、カティー・ダグラスとダヴィット・ビルキーの最近の研究成果によれば、音の高さを識別できない音痴は、空間認知能力の悪さと相関関係にあること、つまり音痴と空間認知能力という2つの現象の本質的な関連性が確認されているからである[6]。

　脳科学者は、音の識別と空間の認知とが、部分的に同一の脳神経領域(具体的には、頭頂葉の溝になっている領域で、「頭頂間溝」と呼ばれる)において処理される、という事実からモーツァルト効果を説明している。つまり、音痴は、空間認知能力とそれに対応する脳神経構造の訓練不足によって発生する、あるいは幾何学の成績の悪さは音楽教育の不足によって発生するということになる。転移効果に関する脳科学研究の成果についても、後ほど改めて詳しく確認することになる。

　空間認知能力を測定するために利用された検査も、いわゆるモーツァルト効果においては、一定の役割を果たしていると思われる。というのも、これらの検査は空間認知能力の異なった局面を測定している可能性があるからである[7]。モーツァルト効果を研究によって確認できなかったことも、適切な

検査を用いなかったことが原因と考えることもできる。この点については、例えば、バスティアンは、小学校における音楽の教育効果に関する自らの研究(しばしば批判もされている)の問題に関連して、次のように指摘している。

「知性と音楽的能力との相関関係が高い結果とはならなかった、ないし音楽教育の効果が明確には現れなかったという結果は、知性と音楽的能力の関係を理論的に研究することの原理的問題を提起している。〈知性〉の構成要素のどの能力が、〈音楽〉のどの要素と一致しているのか、とりわけ音楽の構成要素のどの部分が測定可能な数値として検査に活用されるのか、このことが根本的に問われなければならない。つまり、聴覚的な識別、形態の知覚、聴覚的記憶、創造性、聴覚的表象力といった〈音楽的な〉諸能力は、……総じてこれまでの知能検査ではまったく考慮されてこなかったのである。何故なら、知能検査は、圧倒的に言葉によらない、視覚的に表象された素材を用いて測定されるものとなっているからである。とりわけ、独自性、柔軟性、アイデアの創出などを本質とする創造性は、伝統的な知能検査によっては、まったく把握されなかった。従って、知性と音楽的能力の関連性という問題でも、例えば、『計算問題が得意な人は、空間認知にも優れている』といった枠組みによってのみ、関連性が理解されるに過ぎなかった。今後の知能検査の研究の進展によって、〈音楽〉と〈知性〉の構造的関連性が理論的に詳しく分析され、定義づけられるとすれば、あるいは新たに測定可能なものとされた〈音楽性〉が、知性の一つの局面として、知能検査に組み込まれるようになるとすれば、音楽の転移効果の研究は、もっと重要かつ興味深いものとなることだろう。」[8]

このバスティアンが指摘した方向性から研究を展開したのが、音楽学者であり脳科学者でもあるエッカルト・アルテンミュラーである。その際にアルテンミュラーは、明らかにハワード・ガードナーの多重知能理論を参照して研究を行っている[9]。ガードナーの知能理論は、従来の知能検査によって測

定される認知能力（言語的知能、論理・数学的知能、図表・空間的知能）を越えて、音楽的知能、身体・運動感覚的知能、自然識別的知能、対人的・情動的知能まで考慮したものとなっている。アルテンミュラーが指摘している通り、本来であればこれらの全ての知能を検証しなければならないはずであるが、現状ではそのための手段が欠落していることになる。それでも、アルテンミュラーによると、音楽教育が、例えば言語能力、運動能力、あるいは情動的能力を促進することは既に明らかにされている[10]。知性に対するこれらの多元的な転移効果を示唆する状況証拠も確認されていると言う[11]。アルテンミュラーは、研究状況の総括の部分で、多くの研究成果によって、「音楽と知能の相関関係は確かに存在すること」、さらに特に活動的な音楽活動は「大脳皮質の機能組織に対する明確な作用を及ぼしている」ことが明らかにされた、と指摘している[12]。

モーツァルト効果については、多様な研究結果や方法論上の問題のために、研究者によっては「研究上の伝説」でしかないとも見なされてきた[13]。しかし、転移効果をモーツァルトの音楽に限定しないで、その他の音楽事例にまで関連づけてみるならば、こうした否定的な見方は、もはや支持できないものとなる。近年刊行された、モーツァルト効果に関する研究状況についての最初の総括的研究は、いわゆる転移効果は確認できるものであること、音楽を聴くことに加えて音楽を演奏することも空間認知能力の向上（さらには様々な教科の能力の向上も）の効果があり、同時に認知能力の段階的発達の効果もあるとする明確な結論に達している[14]。加えて、最近の研究では、次のような複雑な研究手法も採用されている。それは、聴いている音楽や演奏する音楽に対する本人の興味関心、本人の個別的な参加の度合い、さらには音楽を聴くときの本人の気分、被験者の年齢や音楽教育を受けてきた程度、こうした様々な要素を組み入れた研究手法である。その事例としては、カナダの研究者ゲレン・シェレンバーグによる2つの包括的な研究成果がある。彼はまず、6歳から11歳までの147人の子どもについて、音楽（音楽教育）の経験の長さが知能水準および学業成績と相関関係にあることを明らかにした。同

様の結果は、子どもの時期に熱心に音楽の演奏を体験してきた子ども150人（年齢が6歳から11歳まで）を対象とする第2論文からも得られた。この2つの論文で検証されたポイントは、転移効果が音楽教育が終わった後でも長い間継続するのか否かということだった。シェレンバーグは次のように指摘している。

「我々の研究結果が示していることは、子どもの時期に音楽を体験することは、知能指数および様々な教科の学業成績にもプラスの作用を及ぼすということである。その際に重要なことは、この作用は比較的弱いが、長期間にわたって作用し続ける効果であるという知見である。」[15]

●音楽教育の言語能力への転移効果

　一方、ダニエラ・ラウファーの興味深い研究は、言語と音楽に確認される類似性から出発する[16]。ラウファーによれば、言語と同様に、音楽は一つの意味を含む機能的な時間形状であり、言語における「音素」*は音楽では音色の構成要素に対応する。この言語と音楽という2つの表現形態においては、音質、リズム、メロディー、その他の変数が重要な役割を果たす。こうしたラウファーの知見に基づいて実施されたトンプソンらの研究は、音楽教育の経験のある子どもは、音楽教育を受けていない子どもと比較して、文章に込められている悲しみ、楽しさ、あるいは怒りの感情を、より的確に識別することができたと結論づけている[17]。ここで注目すべき事実は、音楽教育を受けた子どもの場合には、言葉のリズムに関する認知能力が向上していることである。従って、音楽心理学の研究論文において、「音楽的認知」が問題にされている場合でも、何も純粋な音楽の領域に限定して考えるべきではない

＊訳注
　　音素(Phonem、英語ではphoneme)は、言語学及び音韻論の概念で、他の語と区別するのに必要とされる語の音声を構成する最小の単位を意味する。

ことになる。つまり、音楽のテンポ、リズム、音質、あるいはフレージング（旋律をフレーズに分けること）が論じられている場合でも、純粋な音楽の領域を越えて、基礎的な認知能力への効果こそが重要となるのである。この音楽教育を通して獲得される知的な認知能力は、例えば注意深く知覚することや相手が語る言葉の意味を理解するための知的基盤ともなるからである[18]。知的障害のある子どもへの教育の際に、活動的に音楽に取り組むことや、音楽を注意深く聴く活動を行うことは、常に知覚の質を訓練することにもなり、こうして高められた知覚能力は基礎的な言語能力を促進することにもなるのである。

　こうしたことを踏まえ、ラウファーは次のような研究仮説を立てた。それは、「音楽と言語には共通した構造」（著書の133頁）があることから、音楽の練習（歌うこと、音楽を聴くこと、楽器の演奏、音楽に合わせた運動）は、知的障害を持つ子どもの言語理解と会話能力にプラスの作用を及ぼすに違いない、という仮説であった。ラウファーの調査研究には、ノルトライン・ヴェストファーレン州（ドイツ）の知的障害児学校の男女生徒124人（中等部と高等部）が参加した。生徒は音楽教育を受けるグループ（実験群）と受けないグループ（統制群）に分けられ、音楽教育を受けないグループの生徒には、特別の言語促進教育が実施された。さらに、この統制群の生徒には、学校以外ではまったく音楽教育は行われないか、ごく初歩的な音楽教育しか行われないようにした。実験群の生徒への音楽教育は、毎日約20〜30分間実施された。

　6ヶ月の実験期間の前後で、実験群（音楽グループ）と統制群（非音楽グループ）の生徒それぞれに、各種の言語検査と会話の流暢さが確認された。2つのグループの比較から、部分的に言語能力に対する音楽教育の明白な効果が明らかとなった。例えば、**図表1**は、語彙力テスト（PPVT）、つまり一連の絵の中から、指示された名前の絵を回答させる検査（例えば、リンゴ、蝶、鉛筆の絵を示し、鉛筆はどこにある？、と質問）について、2つのグループの実験前と後の比較を示したものである。統制群の成績は、実験の前後で同じ水準のままであったのに対して、実験群の成績は極めて有意に上昇した。一方、

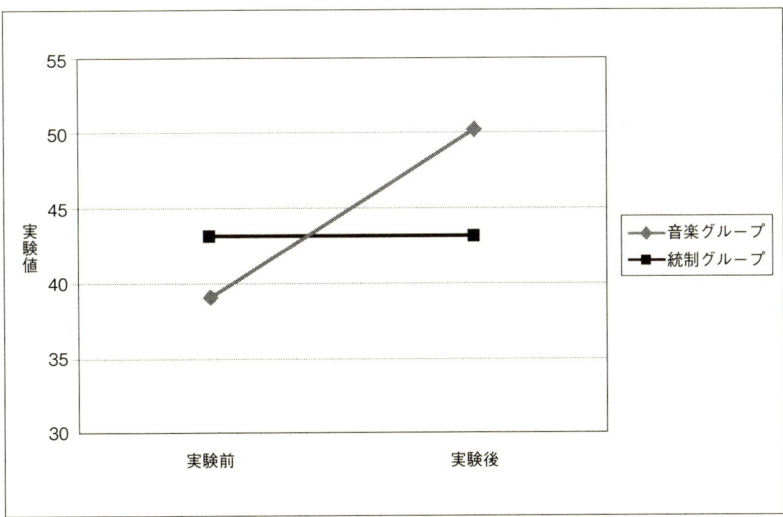

図表1:音楽グループと統制グループの語彙力検査(PPVT)の結果

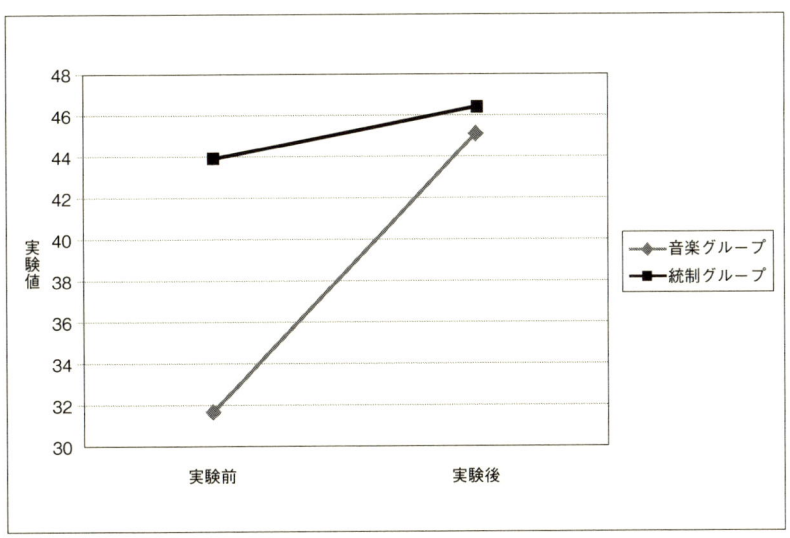

図表2:音楽グループと統制グループの発音能力検査(BAT)の結果

図表2は、今回の調査研究の1つの問題点に注意を向けさせるもので、ラウファーはこの点を特に強調している（155頁以下）。すなわち、発音能力を検証する検査（BAT）においては、実験群の成績は、実験の前の時点では、統制群と比べて著しく悪いものであった。つまり、2つのグループはその前提条件の点で明らかに同等ではなかったことになる。こうした場合には常に、実験群には（音楽教育以外の）学習効果を高める別の要素が存在していたのではないか、と問われることになる。しかし、だからといって、〈相関関係研究〉を批判する人々が頻繁に要求するように、ラウファーの実験で選択された方法の代わりに、被験者の子どもを無作為にグループ分けする方法を採用すればよい、と簡単に考えることはできない。というのも、同種の先行研究からも、また被験者の生い立ちに関する伝記的研究報告からも、学習効果には、動議づけが極めて重要であることが明らかにされているからである。ここで、こうした研究の方法論上の問題を考える上で重要な補足説明として、心理学者クラウス・ホルツカンプの伝記的報告を紹介しておきたい。

　最も興味深い教育上の一つの問いは、個々人の人間形成過程において、「ああ、そうかという体験」が訪れるのはどのような条件の時なのか、と問うことである。つまり、青少年が、自分の人生のために重要であったり、自らの将来展望にとって「意味深い」ものであるがために、「これだ！と感じ」、内心から自らの課題に取り組むようになる活力や動機が生まれるのは、いったいどのような状況なのだろうか。この問いに関わって、ホルツカンプは、自分が第11学年の時に経験した音楽教育の事例から、自らの「運命の瞬間」を次のように記述している[19]。

　ホルツカンプが「運命の瞬間」までに経験してきた音楽の授業は、「いつもの退屈と反抗の固まり」と表現しなくてはならないものであり、教師に対する態度も「軽蔑したからかい」が常態化していた。ところが、ある日の放課後、何人かの生徒と一緒にいた時に、講堂からピアノの演奏が聞こえてきた。それはドイツ敗戦から1年後の1946年の寒い冬の日だった。彼らは好奇心から講堂まで戻ると、コートを着た自分たちの音楽教師が、ショパンのバラー

ドを「感動的に」演奏している姿を目にした。生徒達は気づかれないように演奏を聴いていたが、演奏が終った時に拍手をしたため、音楽教師を驚かせることになった。次の音楽の授業の時、この音楽教師は生徒達から何か美しい曲を演奏してくれるよう懇願された。同時に生徒達は音楽教師と語り合うようにもなった。「その時以来、私たちは音楽教育を受けたことはないが、音楽に関して多くの重要なことや印象深いことを体験することができた。この時の体験によって、今日までの私の音楽に対する強い結びつきが形成されたと言うことができる。」

　以上の報告によれば、生徒は通常の音楽教育からは何も学んでいないし、音楽教育に興味も持っていなかった。このような場合に調査研究を行ったとしても、何の転移効果も「現れる」ことはないだろう。寒さの中で夢中になって演奏する教師を体験したことが契機となって、初めて生徒の音楽への目が開けられ、それ以来消えることのない音楽への興味が覚醒されたのである。音楽に何の興味もない生徒が、無作為抽出方式によって音楽グループの方に入れられていたとすれば、反対の効果となっていたに違いない。従って、類似した条件のグループ分けによって研究を行うべきであるとの要求は、確かにその限りでは論理的で方法論的にも正しいが、現実的な芸術体験にとっては、無条件に適切な要求であるとは限らないのである。この要求は転移効果研究の全体の中では確かに意味のあるものであるが、唯一正しい方法として高く位置づけられるべきではない。このように考えるべきことは、様々な条件の下で現れる豊富な転移効果の事実から明らかになる。以上のことを踏まえれば、ラウファーの研究において（**図表２**参照）、当初はより劣っていた実験群の子どもの発音能力が、実験の経過とともに改善して、最終的には統制群と僅かな差違になった実験結果は、実に興味深いものとなる。何故なら、この事実は脳科学研究の助けを借りれば、音楽活動にその原因があると説得力を持って説明できるからである。もちろん、実験群の生徒が音楽活動から強く影響を受けたことが、既に「保持していた」能力に帰因するものなのかどうかは、厳密な学問的検証によって確かめられている訳ではない。しか

しそれでも、言語能力に対する音楽教育の効果を示したラウファーの実験結果は、比較可能なグループを用いた実証的研究であり、説得力のあるものと考えられる。ラウファーの研究は、知的障害のある子どもへの実践的教育活動として、極めて意義のあるものと言えるだろう。こうした特別な支援を必要とする子どもを対象とする研究が、継続して行われることに期待したい[20]。

●グレボスの研究成果

　音楽教育の転移効果に関する大がかりで多面的な調査研究が、1988年から1992年にかけてスイスで実施された[21]。音楽教育を受けた生徒を対象としたこの調査研究は、人間関係能力や認知能力への転移効果の点で、極めて多様に評価できる結果をもたらした。例えば、クラスの生徒間の人間関係の認知の点では、プラスの転移効果が確認された。またドイツ語と数学の成績については、音楽教育を受けていない統制群と比べて、必ずしも優れている訳ではないという結果であったが、この事実は注目に価するものだった。何故なら、実験群の生徒の成績は、音楽教育のためにより多くの時間を配当していた結果、ドイツ語や数学の配当時間はより少なかったにも関わらず、統制群のそれよりも劣るものではなかったからである。このことは補償作用を伴うプラスの転移効果として解釈できる現象である。転移効果の程度は、これまでの大半の研究結果と同様に、効果が確認できる場合でも、やや弱いものから中程度であった(この事情について、より詳細に終章において検討する)。この調査研究を行った研究者は、音楽教育は知的能力の向上を導かないとの見解を述べているが、この見解は注意深く検証する必要がある。何故なら、この調査では、知能の測定が、極めて特殊な「言語を用いない」検査(レーヴン漸進的マトリックス検査)を用いて実施されていたからである。

　カタジナ・グレボス(ザルツブルク・モーツァルテウム大学)も、音楽の転移効果に関して、方法論的に優れた興味深い研究を行っている[22]。ここでは、

極めて包括的に構想されたグレボスの調査研究について、少し詳しく検討したい。グレボスにとって、転移効果の研究は決定的に重要なものである。その理由は次のように説明されている。

「科学技術を用いた仕事の効率化と物質的豊かさを特徴とする現代社会にあって、学校は一面的な認知的側面を過度に重視した〈教授施設〉として発達してきた。このため、音楽や芸術の早期の能力開発は、なおのこと問題のある、実行不能なものと考えられるようになっている。今では学校の時間割は、いわば〈有益性の哲学〉に支配されている。教科の序列は教育的価値ではなく、社会的有益性によって決定される。音楽は一見すれば直接的な『認知上の』有益性は認められないと考えられるため、そもそも音楽を学校の教科として位置づけることさえ困難となっている。音楽の社会的価値は、その他の教科と比べてますます不明確になっている。今日に至るまで、音楽教育は下位にランクづけられた〈特殊教科〉として扱われている。確かに、今後の知識基盤社会を生きるためには、数学、コンピュータ技術、外国語、読解力は欠かせない。では音楽はどうだろうか？私たちは何のために、子どもたちに音楽を教育するのだろうか？」[23]

このグレボスの問題意識は、転移効果に関する国際的な研究の中で、頻繁に表明されてきた問題意識とほぼ共通している。つまり、芸術教科が周辺教科に追いやられている傾向が、転移効果の研究を本質的に動機づけていると言えるだろう。では、こうした問題意識からの研究は、音楽教育の人間形成的意味について、どのような根拠を提供してくれるだろうか。

グレボスは、その著書の中で、転移効果に関する先行研究（例えば、モーツァルト効果、脳科学研究の成果）について詳細に説明した後で、2003年から翌年にかけてポーランドの小学校の児童を対象に実施した実験結果を記述している。この実験では、学校教育を通して重点的に音楽ないし芸術教育を受けている児童と、そうではない児童との成長過程が比較された。優先的に調

査されたのは、音楽教育ないし音楽的・芸術的教育が音楽以外の人格的特性や学業成績にどの程度まで影響を及ぼすのかという観点であった。調査研究には、3つの異なる小学校の児童328人が参加した。具体的には、まず1つ目の小学校は、重点的に音楽教育を行っている学校(音楽学校)、2つ目は、音楽とその他の芸術訓練を重視している学校(芸術学校)、最後に3つ目は統制群として、芸術教育を重視しない、ごく一般的な小学校(統制学校)である。2つの異なる年齢、つまり7歳(第1学年)と10歳(第4学年)の児童の無作為抽出調査が行われ、それぞれ学年の最初と最後で、音楽的能力、記憶力・集中力および創造力、学習動機、自己概念、人間関係能力、学業成績、カリキュラム上の重点事項がクラスの雰囲気へ及ぼす影響関係が調査された(**図表3**参照)。性や保護者の社会的地位も分析に組み込まれた。その結果、極めて複

調査時期	調査項目　第1学年	調査項目　第4学年
2003年9月～10月	・音楽的能力 ・創造性 ・記憶力 ・集中力 ・数学的・言語的予備知識 ・自己概念 ・年齢 ・性別 ・社会階層	・音楽的能力 ・創造性 ・記憶力 ・集中力 ・数学的・言語的能力 ・自己概念 ・年齢 ・性別 ・社会階層
2004年9月～10月	・音楽的能力 ・創造性 ・記憶力 ・集中力 ・数学的・言語的能力 ・自己概念 ・社会性 ・学習意欲 ・授業の雰囲気	・音楽的能力 ・創造性 ・記憶力 ・集中力 ・数学的・言語的能力 ・自己概念 ・社会性 ・学習意欲 ・授業の雰囲気

図表3: グレボスがポーランドで実施した実験の調査項目

雑な影響と相互関係の構造が統計的手法を用いて分析された。調査された学業成績および人格検査の全ての項目において、芸術に重点を置いた小学校の特別な転移効果が必ずしも確認された訳ではない。しかしそれでも、大きな傾向として、芸術教育による明確な転移効果が明らかとなった。例えば、芸術重視の2つの小学校の児童は統制群の小学校の児童と比べて、創造力の点でより進歩し、記憶力と集中力も明らかに向上した。また数学の成績も向上したか、もしくは同等という結果であった。さらに、人間関係能力は、音楽学校の児童が統制群のそれと比べ明らかに向上した。自己概念に対するプラスの転移効果も確認された。

　一つの事例として、第1学年と第2学年の時点で測定された創造力の結果を紹介したい（**図表4**参照）。図表から明らかなように、3つの小学校の児童の創造力の数値は、いずれも入学の時点では殆ど同じであり、統計的な差違は認められなかった。それが、2回目の検査が行われた第2学年では、統制群の小学校と、2つの芸術重視の小学校とでは、著しい差違が確認された。検査数値は音楽重視の小学校が16.7ポイント、音楽を含めた芸術重視の小学

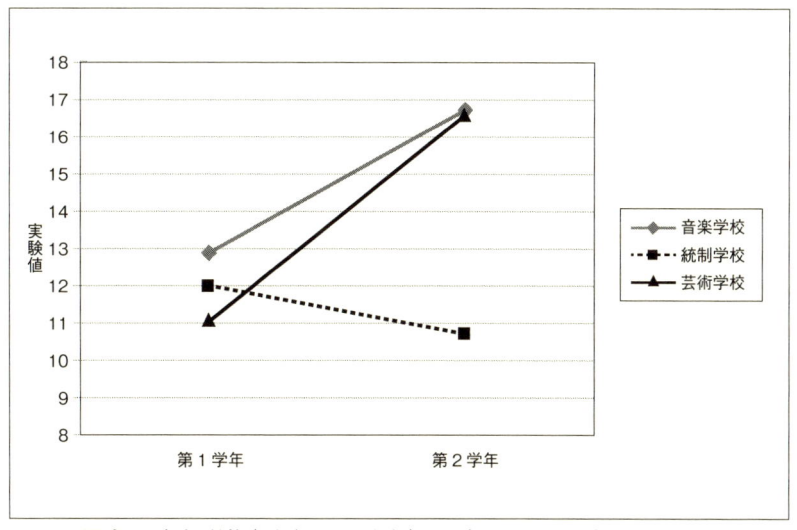

図表4：1年経過後（1学年から2学年）の3グループの創造力の推移

校が16.6ポイント、統制群の小学校は10.7ポイントであった。統制群の小学校で僅かに数値が下降していることは、1つの傾向を示してはいるが、重要な意味を持たない。芸術重視の学校の児童と統制群の児童との明白な差違は、第4学年でも継続した。この2つのグループ間の差異は「固定化」したことが確認された。

しかし、若干の側面では**マイナスの転移効果**も確認された。例えば、音楽重視の小学校の低学年の児童の場合、統制群の小学校との比較で、クラスの仲間集団づくりの悪さ、教師と児童の関係の悪さ(但し、それぞれの授業を担当する教師の影響も関係しているかも知れない)などである。グレボスは、こうした多様性を示した調査結果の背景についても詳細に検討している。その結果明らかとなったことは、こうした多様な転移効果が生じたことには、授業がどのような教育方法によって、またどのような教師の下で行われたかが、決定的に重要であるということであった。この観点については、後ほど再度立ち戻って詳細に検討することとしたい。そうすれば、一見すればマイナスの転移効果も、転移作用の具体的で複雑な影響についての興味深い洞察を与

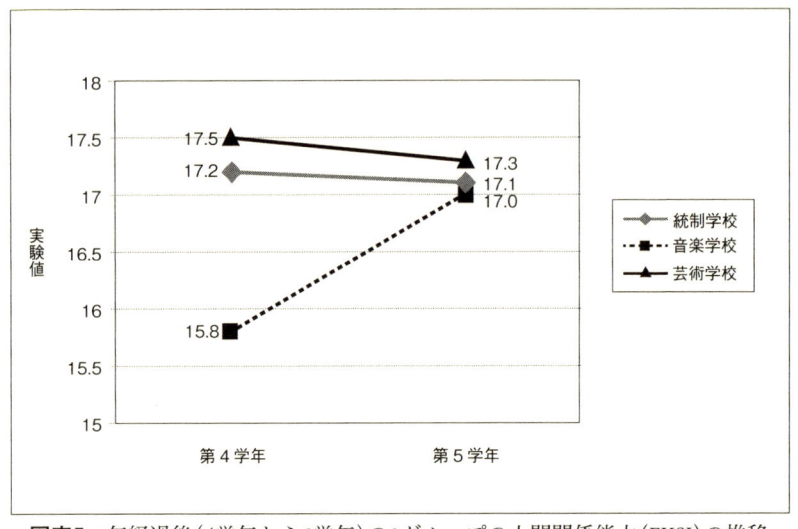

図表5:1年経過後(4学年から5学年)の3グループの人間関係能力(FKSI)の推移

えてくれるものとなるかも知れない。**図表5**は、音楽重視のクラスの児童が、第4学年の最初の時点では他の2つのクラスの児童と比べて、人間関係能力の点で著しく劣っていたものの、その1年後にはその差がほぼ解消したことを示している。ちなみに、この人間関係能力は、例えば友達との遊び方に関してなどの項目で、「フランクフルト自己概念指標」(FKSI)を用いて児童自身が回答する方法で測定されたものである。

　図表5で示された検査結果は、著者のグレボスによれば、音楽重視のクラスでは、1学年から4学年になるまで、集団の形での音楽教育が実施されなかったことを説明している。つまり、音楽の授業の大半は、基本的には集団での共同活動ではなくて、ある目標を定めて個々人が楽器を集中して学習する形態だったのである。集団での音楽の演奏活動は、「通常の」授業での小グループ活動と同様に、人間関係能力を育成する上で重要な学習環境である。学年の進行に伴って、**音楽重視の小学校における児童**の自己評価が著しく向上したことが確認された。このことは、音楽の**集団活動**（合唱、オーケストラ）が、児童の人間関係能力を大きく改善させる効果があることを推測させる。グレボスによれば、音楽教育は、子どもたちが協力して音楽を演奏する内容構成となっている場合には、実際に人関関係能力の自己評価においてプラスの作用を発揮する。グレボスは、自らの研究成果を以下のようにまとめている。

　「本研究は、音楽の能力、広くは芸術の能力を開発・促進することがいかに広範囲に作用を及ぼすものであるか、という事情を説明する一つの根拠を提示した。つまり、本研究の結果にも基づけば、音楽や芸術は、決してそれ自体として孤立した活動でも、有用でもない活動でもなく、むしろ認知的・心情的・社会的能力という複雑な人格構造全体と結びついたものである。音楽教育と芸術教育は、子どもの様々な人間的資質の成長に決定的な影響を及ぼすことができることが証明された。特に認知領域におけるプラスの転移効果という結果は注目すべきである。本研究によれば、音楽

活動の種類と方法、それらの授業の構成の仕方が、とりわけ子どもの人間関係能力の発達と自己像の構築に決定的役割を果たすと考えられる。さらに、本研究は、総合的で全体のバランスの取れた教育、つまり自然科学と同時に音楽や芸術を教育することが、社会的ハンディキャップを持つ子どもの場合でも、最良の成果へと導くことを明瞭に示した。」[24]

●バスティアンの研究成果

　以上、これまでに実施された調査や研究の総括的報告をいくつかの事例に即して概観してきた。このことを踏まえれば、第1章で言及したバスティアンの研究成果は、極めて説得力のあるものと言えるだろう。バスティアンの研究は、ベルリンの小学校において1992年から1998年までの長期間にわたって実施されたものである[25]。その際の研究課題は、一般的な程度以上の音楽教育は子どもに対してどのような作用を及ぼすのか、というものであった。その研究成果によれば、小学校において一般的な程度以上の音楽教育を行うことは、子どもの人格的成長に著しい作用を発揮した。音楽教育が作用を及ぼしたのは、以下の事項であった。
・人間関係能力の著しい向上
・学習への動機づけの向上
・知能指数の上昇
・集中できない状態の改善
・情緒的状態の改善
・不安状態の緩和
・学業成績の向上

　バスティアンは、こうした研究成果から、全ての小学校の子どもたちは、学校教育の中で楽器を学び、合奏を行う機会を与えられる必要があると指摘した。ドイツのヘッセン州文部省は、ベルテスマン基金の支援を受け、2005年に州内の93の小学校において、「音楽重視の小学校」という学校づく

りプロジェクトを開始した。実はこの試みは、バスティアンとその協力者の研究に刺激を受けて実施されたものである。ヘッセン州の学校プロジェクトでは、音楽は「学校生活全体における学習原理であり構成要素」でもあるべきで、教科横断的に学校文化を規定すべきものとされた[26]。

確かに、バスティアン研究には若干の方法論上の不備(例えば、実験群と統制群から無作為抽出した子どもの人数の違い)が残念ながらある。しかし、こうした不備は決してバスティアンの研究の結論全体を無効にするものではない[27]。従って、神経生理学者のルッツ・イェンケが、バスティアンの研究を「役に立たない」と**概括的に**過小評価してしまったことは、まったく不当なことである。研究結果は概括的にではなく、その都度個別的に、その他の研究成果と関連づけて評価されるべきである[28]。 以下に示す脳科学の研究報告が示してくれるように、音楽を通して比較的多様な認知的・社会的能力が促進されるのは、実は音楽が非常に多様な脳神経領域に効果を及ぼすこと、つまり脳神経のどこか特定の部位が「音楽センター」となっている訳ではないことと関係している[29]。それでは、私たちは音楽の転移効果をどの様に説明することができるのだろうか。転移効果が、ある特定の人間には生じ、他の人間には現れないのは何故なのだろうか。ある人には効果が強く現れ、ある人には弱くしか現れないのは何故だろう。ある時は認知上の効果が現れ、ある時は人間関係上の効果や情緒的な効果として現れるのは、いったい何故なのだろうか。

●脳科学研究の成果

ここで手助けとなるのが、脳科学研究の最新の成果である。脳科学研究は、以下で述べるように、転移効果に関しても多くの研究成果を提供している。その最も重要な知見は**環境に応じた人間の脳の可塑性**の発見である。脳科学の研究に基づけば、脳の構造は、特に子どもの時期には、しかも大人になってからも、継続的に変わることができる。しかもその変化はその都度の個々

人の経験や精神的活動に依存している[30]。つまり、人間は脳の構造をある程度までは常に新たに形成することになる。人間は自らの活動や関心がどのようなものであるのかに応じて、一定の脳領域を活性化し、他の脳領域は疎かにする。その際に重要となるのは、例えば音楽を頻繁に聴くことや工芸活動を行うことによって、特に継続的に刺激された領域の脳細胞(ニューロン)では、新たな**シナプス結合が形成されること**だけではない。**図表6**で図式的に示されているように、シナプス結合においては、より複雑なネットワーク

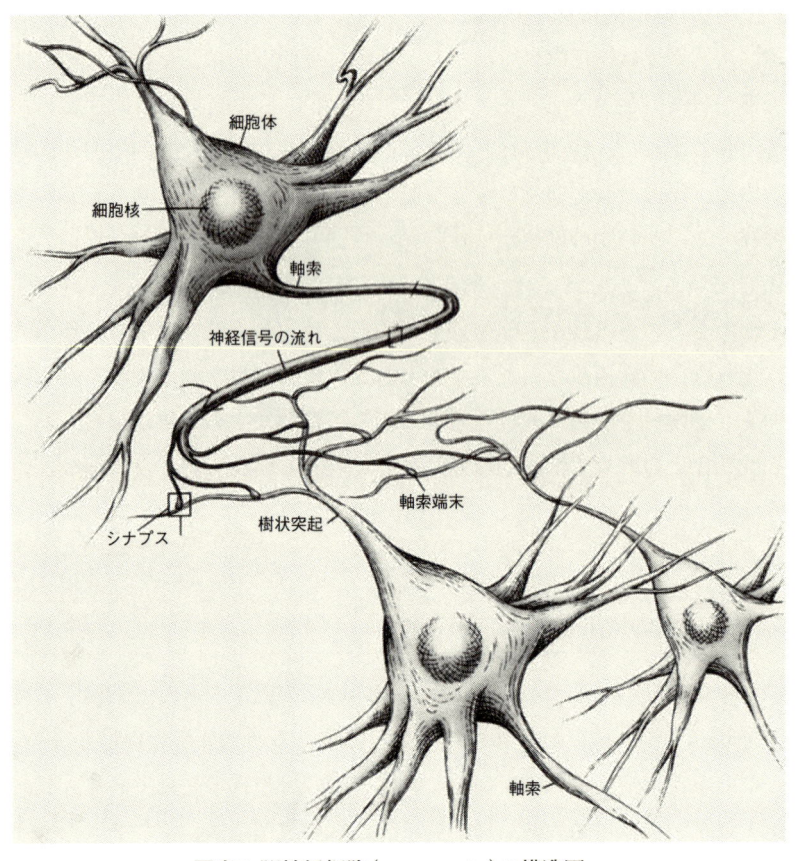

図表6:脳神経細胞(ニューロン)の構造図

の構築が重要となる。この複雑なシナプス結合のネットワークこそが、複雑な感覚や感情や認知に関わる能力の生理的基盤となっているものである。しかも、最新の研究成果が示しているように、ある一定の体験は、少なくとも若干の脳領域における**細胞の新たな形成**を刺激する（そこで重要なことは、例えば、新しい香りに対する反応としての神経回路の形成である）。つまり、私たちはある意味では、生涯にわたって**自分の脳の彫刻家**なのであり、複雑な感情や知的能力の重要な生理的基盤を、体験や活動を通して形成しているのである。

　例えば、頻繁に音楽を聴いたり、学校のオーケストラで音楽を熱心に練習すれば、この体験が関連した脳細胞領域の構造を変更することになる。このことは、視覚・聴覚・身体的活動を主に司る脳領域だけではなく、人間の**空間認知**を司っている脳領域にも該当する。つまり、私たちが高い音や低い音の曲を歌えば、常に空間的にも〈高い〉ないし〈低い〉という身体的感覚を覚える[31]。私たちが左や右から音の響きを聴くと、自らの視覚・聴覚を通して、オーケストラの楽器とその演奏者の空間的な位置を確認する。また自分の前方や背後から歌声を知覚すると、室内楽団やジャズバンドの中での共演者の空間的位置に注意を向けたり、演奏ホールの中での観客の位置を確認したりする。要するに、音を聴くこと、もっと言えば音楽を活動的に練習することは、**常に自分自身の身体と周囲の人々との空間的位置関係を確認する知覚**を活性化することにもなる。この知覚がより頻繁に、そしてより長期にわたって活性化されることによって、その知覚を司る脳神経領域の内部では、より複雑なネットワークが形成され、この神経ネットワークが今度はより複雑な知覚と能力の基礎となる。

　こうした知見を踏まえ、神経生理学者のルッツ・イェンケは、ドイツ連邦教育研究省に提出した報告書の中で、音楽を脳神経細胞のネットワークにとって「可塑性のモーター」と名づけている[32]。同様に音楽学者で神経学者のエッカルト・アルテンミュラーは、例えばピアニストやバイオリン奏者の場合は、手の動きを司る脳神経の部位が明らかに拡張していることを、断層

撮影によって証明している[33]。神経学の研究からは、わずか20分間のピアノ演奏の後でも、演奏者の脳神経には典型的なシナプスのネットワークが構築されることが明らかにされている[34]。さらに、ブライアン・ヴェンデルを代表者とする研究グループ(スタンフォード大学)は、7歳から12歳までの29人の子どもを対象に、2年にわたって追跡調査を行った結果、歌を歌うこと、ダンス、演劇および造形教育は、一定の言語能力に大きく作用しているだけではなく、言語能力に関係する脳神経領域内部での強固なネットワーク形成をもたらす事実を発見した。この脳神経細胞のネットワーク形成は、神経学者の専門用語では、「電流の開通」と呼ばれる[35]。反対に、使用されない脳神経領域は老朽化する事実も明らかにされている。こうした研究に呼応して、転移効果研究においても次のような研究所見が提示されている。それは、音楽の訓練を十分に受けている大学生は、性・年齢・教育の点では同一で、音楽の訓練を受けていない大学生と比べて、記憶力が優れていること、しかし音楽グループでも音楽の訓練を継続しないでいると、両グループの差違は減少するという知見である[36]。

　さらに、脳科学は、このような転移効果が生じるのは、空間認知能力や言語能力、その他の能力を司る脳神経領域が、音楽を通して活性化されるためであることを明らかにしている[37]。ダニエラ・ラウファーは、障害児学校における音楽教育を通した言語活動促進に関する研究報告の中で、音楽の訓練を受けた子どもの場合、音調を識別する能力が向上する事実が、多くの研究成果として提示されていることを指摘している。それらの研究成果によれば、音楽教育は、**会話の際の感情伝達を識別する感受性**を促進する。この感受性の能力は、日常のコミュニケーションにおいて極めて重要な役割を果たす。何故なら、嬉しさと悲しさ、快活さと退屈さ、心がこもっていることと悪意があること、こうした感情を内包した話し手のイントネーションや音調が、会話行為の中身に決定的な影響を与えるからである。つまり、話し手の尊大な態度や愛情のある姿勢が相手に伝わるのは、会話の際の音色や音質といった話し手の声の調子を媒介としており、このことが言語コミュニケー

ションがどのような**関係の中で**行われるかを決定づけている。そして、音楽に込められた感情的メッセージの識別は、会話の際の言葉に内包された「メロディー豊かな」側面を識別する脳神経領域において処理されている。その意味で、音楽と言葉の双方は、同一の脳神経領域をより強く形成していることになる。しかも、こうして形成された脳神経細胞の強固なネットワークが、音楽的メッセージと言語による感情的メッセージの双方を、感受性豊かに識別するための生理的基盤となるのである。

　こうしたプロセスを、ノースウェスタン大学(アメリカ)の脳神経学の研究チームが証明することに成功した。すなわち、同大学のダナ・ストレイトらは、集中的な音楽教育を受けた音楽家を対象に、感情豊かな声楽の演奏を聞いた時の脳神経活動を調査した。その結果、訓練と経験を積んだ音楽家は、**神経心理学的に見て**、他者が話した言葉のイントネーション(これによって話者の**感情を伝達している**)を、早期にしかも正確に識別することが証明されたのである。この言語識別能力は、音楽教育を早く行えば行うほど、より明確に確認された(但し、それは全ての人間ではなく、あくまで統計的傾向として言えることである)[38]。新たな脳神経構造の形成にとって、音楽を早期に体験することの意義は、**ピアニスト**を対象とした研究によっても証明された。それによれば、ピアニストは自らのピアノ演奏の際に活性化された領域と同一の脳神経を、他者がピアノを演奏する様子を観察する際にも活性化させていた(ここで重要となるのは、後述する「ミラー・ニューロン(物まね細胞)」である。この脳神経細胞は他者と関係を結ぶための能力を主として司っている。)[39]。つまり、音楽家は音楽を聴いている時に、視覚・聴覚を司る脳神経中枢ばかりでなく、自分が演奏する際に必要となる**運動神経中枢**も活性化させていることになる。これに対して、**音楽の訓練を受けていない人**の多くは、見たり聴いたりする行為の際に運動神経中枢まで活性化させることはないのである[40]。

　以上のような研究成果を踏まえると、音楽を演奏したり音楽を頻繁に聴いた後で、人によって転移効果の現れ方が異なる理由は、音楽を聴くことによる脳神経活動の変化が人によって著しく異なるためであると考えられる。例

えば、思考を司る脳神経領域を活性化させると同時に、空間認知能力を司る運動中枢や視覚・聴覚中枢も活性化させる人がいる。このように多くの脳神経領域が同時に活性化するのは、その人が極めて多様な感覚的かつ知的な要素を伴った音楽を聴く体験を経てきたことを意味している。反対に、複雑な脳神経活動があまり観察されない人の場合は、その人が音楽を聴くにしても、リズムや曲それ自体に注意を向けて、音の規則性、音色、音の高さ、曲の構造には関心を払わない聴き方をしてきたことの結果なのである[41]。

このような個人ごとの脳神経構造の差違は、モーツァルトのソナタを10分間程度聴くだけでは生じないだろう。仮にモーツァルト効果が現れたとすれば、それはこの実験に先だって、**空間認知能力を刺激する**聴く体験を通して、既に感覚が鋭敏になっていたために生じたと考えられる。このことは、音楽の空間認知能力への転移効果が短時間だけしか確認できないとする研究結果が、どのような背景から得られたのかを説明してくれる。反対に、別の研究は転移効果が長期間に及ぶことを指摘しているが、それは被験者が実験に先立って、音楽体験によって既に脳神経構造が活性化されていて、実験によって再び脳神経が刺激されたことの結果である、と考えることができるだろう[42]。従って、芸術体験の転移効果だけを正確に測定するだけでは不十分であり、その転移効果の結果をどのように理解すべきかについて、十分な現象学的分析を行うことも必要である。このような現象学的分析を行うことが、前述した転移効果研究における**構造分析**の課題となる。構造分析は、いわゆる「モーツァルト効果」がモーツァルトの音楽特有の現象ではなく、モーツァルトの音楽が、ある一定の被験者に特別の共感感情を呼び起こす場合に初めて生じる現象であることを明らかにしてくれる。この共感感情は、同時に**空間認知の側面でも**高められた覚醒や注意深さへと導く。空間認知能力を司る脳神経をより活性化させるのは、より複雑に構成された音楽の方であることは明白である。このような構造分析によって補完的な考察を含めることができるようになれば、現在までに数多く提供されている音楽の転移効果に関する研究成果も、より正しく評価されることだろう。

音楽の演奏や音楽を聴くことが、脳神経の活動やその変化にどのような作用を及ぼすかについて、ドイツでは主にハノーファー音楽大学のアルテンミュラー、マックス・プランク神経・認知研究所(ライプチヒ)のセバスティアン・イェンシュケおよびステファン・ケルシュらによって展開されている。このうち、イェンシュケとケルシュは、音楽を聴くことや実際に音楽を演奏することが、空間認知能力とそのための脳神経構造に作用を及ぼしているだけでなく、左右の脳神経の連携(このことが創造的な成果のための生理的基盤となる)にも作用を及ぼしていると結論づけた[43]。彼らによれば、音楽を演奏することは、**音楽以外の現象に対しても**聴覚的な感受性を高め、自らの身体運動に対する正確さも高めると言う[44]。さらに重要な発見は、話された言葉を構造的に理解する行為と音楽を知覚することが、脳神経細胞による処理の点で類似性があるという事実である。この発見に基づけば、音楽の演奏や音楽を聴くことが、**言語能力**に対しても転移効果を及ぼす事実を説明することが可能となる[45]。 10歳から11歳の児童を被験者とした、極めて綿密に計画された研究の結果について、イェンシュケとケルシュの2人は次のように述べている。

　「我々の実験結果から、音楽を聴く場合も言葉を理解する際にもその生理的基盤となる脳神経構造は、既に音楽的訓練を受けている児童の場合に、より力強く形成されることが明らかとなった。」[46]

　このような転移効果は、音楽と言語の「内容」や「意味」といった意味論的な次元では観察されなかったことは当然である。というのも、部分的に同一の脳神経領域において処理されるのは、会話、音楽演奏、音楽を聴く場合のいずれにおいても、主としてフレージング(フレーズに分けること)、リズミカルな構文、文章の形式、そして段落ごとにまとめるという次元だからである。脳神経領域が、音楽の演奏や詩の暗唱などによって活性化されると、一層濃密に結合された脳神経構造が、今度は対応する様々な能力の生理的基盤と

なる[47]。実際、音楽の基礎教育を受けた児童は、そうでない児童と比べて、文章構成の理解の点でも文法上の誤りを見抜く点でも良い結果を示した。しかも、パトリック・ウォンらの研究が示しているように、会話の際の発声やイントネーションを識別する能力も、楽器の演奏を通して高められる[48]。つまり、楽器の演奏のような音楽活動は、音質を注意深く聴く能力を訓練することでもあるため、会話の際の声の質の識別能力を司る役割を果たす脳神経中枢をより濃密に変化させることになる。研究メンバーの1人であるニーナ・クラウスは、学校予算が乏しくなる中で、音楽予算が真っ先に削減されているアメリカでの動向は誤りであることを、以上のような音楽の転移効果研究の成果からして指摘した。すなわち、文章構成に関する言語障害のある子どもに対して、音楽療法が効果を挙げることができることは、言語と音楽が同一の脳神経領域によって処理されるという研究成果から理解可能となる。音楽活動は、言語処理を司る脳神経中枢の新たなネットワークを形成し、このことがさらにより向上した言語能力のための生理的基盤を創出しているのである[49]。

　数学の成績に対する音楽体験の転移効果も同様に、音楽と数学の認知活動とが同一の脳神経領域を刺激することによって生じると考えることができるだろう。ハーバード大学のエリザベス・スペルキは、方法論的に周到に準備された実験に基づいて、音楽学校での集中的な音楽トレーニングが、ユークリッド幾何学に関する顕著な能力開発をもたらすことを明らかにした。ユークリッド幾何学は数学的思考の基本システムの1つ(**いわゆる数学的思考のための中核システム**)と見なされている[50]。スペルキの実験では、5歳から17歳までの子どもを対象とした検査で、音楽活動としてメロディーやハーモニー、リズムを確認したり、演奏したり、常に比較するという体験を通して活性化される脳神経領域が、計算や幾何学の学習を司る脳神経領域と同一であることが明らかにされた。スペルキの研究成果は、音楽体験によっても幾何学の学習によっても同様に空間認知能力が活性化することを解明したものであり、十分に説得力のある研究である。ただし、スペルキの研究では、演劇も空間

認知能力を訓練する1つの分野であるにも関わらず、演劇体験が基本的な幾何学上の操作能力に作用する転移効果は検証されていない。その意味では、転移効果のメカニズムの全容が解明されたと言うことはできないだろう。スペルキ自身も、自らの実験調査が何も最終的な**因果関係の仮説**を確定したものではなく、転移効果を導くプロセスの1つを実証的な実験を通して説明したものにすぎないと明言している。いずれにせよ、どの研究結果も、それが統計的に意味のある方向性を提示しているのか否か、熟考されなければならない。

　アルテンミュラーの研究も、音楽活動の転移効果とそれと連動した脳神経の変化の事実を指摘している。この神経生理学の研究では、音楽家は素人と比較して、より多く左脳を用いて音楽を聴いているという発見が特に興味深い。この発見は、職業音楽家が**分析的に**音楽を認識していることの証拠だからである。一般的には、感情に関わる認知過程（音楽を聴くことも含めて）は、右脳において処理されると考えられ、左脳は認知的・合理的プロセスを担当していると思われている。しかし、実際には、かつて哲学者のテオドール・アドルノ（1903-1969年）が「構造的聴取」と述べたように、左脳も関与して音楽の処理が行われることによって、音楽の構造的特質や演奏の精緻さ、その他の細部へと注意を向けることが可能となり、そのことにより初めて音楽の美的認識へと至ることができるのである[51]。このことの反対のことは、「音楽の消費」、つまり音楽による受動的な感情の刺激である。左脳は右脳と比べて、より強く認知活動を処理しているため、音楽を聴くという刺激を受けることによって、左脳の神経ネットワークはより強化される。その結果、左脳は音楽の認知以外においても複雑な情報処理のための器官となる。こうした脳神経に生じる変化は、子どもに短時間の音楽の練習をさせた後でも観察されている[52]。

　同様に、心理生理学者のニールス・ビルバウマーとロベルト・シュミットは、音楽家が演奏した際に生じる脳神経の特殊な構造変化を発見するとともに、この脳神経の変化は、**どのような種類の音楽を演奏し、聴くかによって**

も複雑に影響を受ける事実を明らかにした。彼らの脳波測定の結果によれば、複雑な音楽(特にクラシック音楽が挙げられている)を認知すると、より複雑な脳神経構造が形成された。他方で「繰り返しの多いポップミュージック」の演奏は、単純な脳神経構造と神経ネットワークしか形成しなかった[53]。このことは興味深い知見であり、今後さらに継続的に学問的検証を行う必要があるだろう。いずれにしても、アドルノの音楽社会学の命題(音楽の構造的聴取)が、いまや音楽神経学の最先端の研究と関連づけられる可能性が出てきたことになる。実に興味深いことである。

　近年発表された多くの研究成果は、音楽が大脳皮質の機能的組織に決定的な作用を及ぼしていること、例えば音楽を演奏する子どもの脳神経はそのネットワークがより濃密になり、そのことが新たな能力開発を可能にしている事実を指摘している(アルテンミュラーの研究による)。そうした能力開発には、当然ながら新たな感覚的な感受性の獲得ということも含まれている。このことは、例えば、職業ピアニストが、誰か他の人のピアノ演奏を聴くだけで、**実際に**「指がむずむずする」と述べている事実からも知ることができるだろう[54]。

　脳神経内部での新たなシナプス結合という形の転移効果が特に現れるのは、学習が喜びや共感的参加感情を伴って行われる場合であることが、脳神経研究によって明らかにされている。同時に、このような喜びや共感的参加感情は、脳内におけるエンドロフィンと名づけられたホルモンの分泌と関係していることも明らかにされている[55]。このエンドロフィンは、脳神経研究では、肯定的感情の原因、つまり〈幸福ホルモン〉として特徴づけられている物質である。こうしたことから、エンドロフィンが促進物質として機能している心身の複雑なプロセスが存在することが明らかとなる[56]。フランクフルト大学のある研究者は、モーツァルトのレクイエムを**聴いている時**にはそうではなかったが、合唱団の団員が**歌を歌っている時**には、免疫ゴロブリンAの濃度が**上昇した**という事実を、生理学的測定から明らかにした。この免疫物質の濃度上昇は、主観的な幸福状態の強さと相関関係にあった[57]。同

様の研究成果はウィーン大学心理学部の実験からも示されている[58]。このような知見がさらに多くの研究によって確認されるようになれば、音楽活動は精神衛生ないし健康維持機能に作用するという、これまでの転移効果の研究ではまったく注目されて来なかった側面が浮上してくることだろう。これらの研究は、音楽体験が、単に脳神経だけではなく、人間の身体機能全体にまで作用し、このプロセスが再び脳神経へと「反映される」ことを示唆しているからである。

●音楽の転移効果に関する2つの研究レビュー

　最近になって、音楽の転移効果研究をレビューした2つの報告書が刊行された。イェンケ著『音楽は人間を利口にするか？』(2008年)とドイツ連邦教育研究省編『モーツァルトは人間を利口にするか？』(2007年)である。この2つのレビュー報告書では、音楽の転移効果研究の現状が分析されるとともに、今後の研究課題も指摘されている。著者たちによれば、多くの課題がまだ未解決のまま残されている。本書で取り上げてきた研究成果のいくつかは、これらの報告書では言及されていない。それは、言及されなかった研究成果が、この報告書の刊行後に提出されたものであるためや、報告書を執筆した著者たちが求める研究方法上の要求に合致していないと判断されたからである。例えば、『音楽は人間を利口にするか？』の著者イェンケは、専門家による相互査読に基づく学術論文、しかも一定の評価を受けている研究者が査読した研究論文を優先的に取り上げて検討している。しかし、査読者が論文を評価するための十分な公平さや能力を必ずしも有している訳ではないことは、これまでにも十分に証明されている[59]。その点では、イェンケが立脚した研究方法上の前提は、必ずしも合理的であるとは言えないことは指摘しておきたい。

　さて、チューリヒの神経生理学者であるイェンケによる『音楽は人間を利口にするか？』は、主として神経科学と認知科学の研究成果のレビューであ

る[60]。当該分野の研究成果を比較的網羅する形で分析した本書では、いわゆる「モーツァルト効果」や、先に言及したバスティアンの研究についても詳細な批判的分析が加えられている。また、音楽と知性の関係、音楽と感情の関係、音楽鑑賞体験の脳神経による処理について、音楽と言語の関係、さらに音楽行為が高齢化プロセスに及ぼす作用といった新しい研究動向も含めて、多様な研究テーマが扱われている。音楽行為と高齢化プロセスとの関係に関しては、音楽を演奏する高齢者は老人性認知症に罹患する割合が少ないことが、長期の調査研究から明らかにされたと言う[61]。私たちの関心にとって特に重要な知見は、音楽行為によって脳神経の構造が大きく変化するということ、そして音楽が頭脳の中の多様な領域において処理されているという発見である。つまり、音楽が処理される様々な脳神経領域は、音楽以外の情報の処理も司ることによって、結果として多様な転移効果を生み出すことになる。音楽行為による転移効果に関するイェンケの考察のポイントは、その効果は控えめなもの、ないし弱いものであること、とりわけ認知的側面への効果は弱いものである、ということにあった。しかしながら、こうしたイェンケの見解は、あくまでも調査対象の全体的傾向としてだけ確認できるものである。むしろ数多くの個別事例となれば、強い転移効果を示す結果も出ており、さらに詳細な検証が必要と考えられる。

　一方、ドイツ連邦教育研究省の下に設置された専門家チームの報告書、『モーツァルトは人間を利口にするか?』は、音楽の転移効果に関する数多くの研究成果を取り上げて検討を加えたものである[62]。専門家チームのメンバーの中で、前述した神経科学者イェンケとアルテンミュラーは、あくまでも慎重な物言いではあるが、音楽の転移効果を認めている。また音楽学者のマリア・シュピシンガーも、少なくとも部分的には転移効果が実際に存在することを論証しており、その論証は転移効果に対する「これまでに寄せられた最も厳しい批判」にも耐え得るものとなっている。これに対して、専門家チームの座長を務めた哲学者のラルフ・シューマッハーは、現時点で転移効果が確実に存在すると主張することには、異議を唱えている。このシュー

マッハーの姿勢は、まさに本書で検討している極めて論議の多い論点で生じていることではあるが、明らかに哲学者の偏見(とりわけ脳科学そのもの、そしてまた脳科学が転移効果に関与することへの反発)に基づくものである。

　音楽教育の転移効果に関する数多くの研究成果を総括すれば、最終結論としては、転移効果を肯定したものが圧倒的である。つまり、芸術訓練が認知的、社会的、情緒的能力に及ぼす作用は常に確認されてきた、ということが最終結論である。ただそれでも、既に述べたように、研究成果の学術的水準についての論争は依然として存在する。確かに、こうした論争は部分的には正当なものもあるが、研究方法やその成果を十分に分析しないままでの短絡的な批判も多く見られる。いずれにせよ、慎重で実証的な最終結論のためには、入念に相互に関連づけた、研究の裏付けのある議論が必要となるだろう。とりわけ、上述の2つの研究報告書の刊行後に発表された、質の高い研究成果が参照されるべきことは明らかである。また、本書の最初で言及した実践的な芸術教育プロジェクト、芸術教育に関する伝記的な体験記録、さらに芸術教育の理論的側面を、転移効果に関する議論の中に組み込むことも重要であろう。こうした意味での転移効果に関する議論がどのように展開されるか、本書ではその輪郭を述べることしかできない。今後の議論のためにも、これまでの音楽の転移効果研究に向けられた本質的疑念について、その要点を確認しておくとは有益だろう。

● 音楽の転移効果研究に対する疑念の検討(1)

　たびたび向けられる疑念として、転移効果が仮に普遍的に存在するものであるとしても、その原因は音楽の作用以外に求められるべきであるという指摘がある。実際、転移効果の研究の中には、実にお粗末な手続きに基づくものも散見される。例えば、音楽の転移効果を検証するために、頻繁に音楽を演奏する子どもと、希にしか演奏しない子どもとの学業成績が比較されることがある。しかし、この研究では、学業成績の優秀な子どもが頻繁に音楽を演

奏する傾向にあるのかどうかという観点は検証されていない。もし、そうした傾向があるとすれば、学業成績の向上の原因を単純に音楽体験に求めることはできない。何故なら、学業成績の向上が、知的な興味関心を通して刺激された結果であるかも知れず、学業成績の向上は音楽を演奏したことの結果ではないかも知れないからである。従って、こうした表面上は見えない要素まで見通した研究、つまり総合的で実証的な研究、方法論的にも厳格な研究が必要とされることは当然のことである。但し、いま挙げたような方法論的には幼稚な研究であっても、おしなべて意味がないと否定してしまうことも、同様に誤りであろう。こうした研究であっても、方法論的に精度の高い研究とほぼ同様の結果を示しているからである。同時にまた、こうした素朴な研究であっても、例えば他の年齢集団と関連づけて考察するといった条件設定の下では、十分に根拠のある推測が可能な補完情報として活用することもできるのであり、研究の進展のための素材となることもあるからである[63]。

いずれにしても、性急な判断による総括を行ってしまったのでは、研究の現状を正しく学問的に評価することもできなくなる。とりわけ、研究者が自らの音楽体験を転移効果研究の検証作業に組み込んで考えることができない場合、つまり他の一般的な実証的研究の場合と同様の判断手段によって、転移効果研究に向きあってしまう場合には、こうした誤った性急な総括を行う危険性がある。一例を挙げれば、上述のドイツ連邦教育研究省の報告書『モーツァルトは人間を利口にするか？』の中で、シューマッハーは、次のような主張を正しいことと判断している。その主張とは、「モーツァルトやその他の作曲家の音楽を聴いたり、物語の朗読のような心地よい刺激によって生じる短期間の学業成績の向上は、知能全般の持続的向上や認知能力の向上に基づくものではなく、もっぱら被験者が高められた認知的興奮状態となることによって、一時的に高い能力の状態に転化したことに基づくものにすぎない」、というものであった[64]。同様のことは、「モーツァルト効果」に関する研究を総括したイェンケの場合にも指摘できる。イェンケによれば、モーツァルトの音楽を聴くことによって、脳神経の注意・活動水準が上昇す

るため、実験直後には知能検査の課題を通常よりも解けるようになることが、モーツァルト効果として現れるのだと言う[65]。しかしながら、こうしたシューマッハーやイェンケの主張は、果たして**音楽の転移効果**に対する本質的疑義と言えるのだろうか。

　シューマッハーやイェンケの主張とは全く異なる解釈を、ヘレン・ネヴィレらの研究成果から確認することができる[66]。ネヴィレらの研究の出発点は、音楽訓練は様々な認知能力を促進し、**音楽によって誘発されて高められた注意力**が転移効果の原因の一つである、という先行研究の総括である。彼らは、入念に計画され、方法論的にも申し分のない実験調査により、社会的下層の家庭の就学前の幼児88人について研究を実施した。8週間の調査の間、子どもたちは1週間に5日間、毎日40分間の特別授業を受けた。子どもたちを無作為に4つのグループに分け、第1グループの子どもは、歌を歌ったり、音楽を聴いたり、楽器の演奏等の音楽教育を受けた。第2グループの子どもは通常の早期促進プログラム（いわゆるヘッドスタート計画＊）に参加し（ただし音楽教育は行わない）、第3グループの子どもは第2グループと同一プログラムに参加したが、第2グループよりも小規模編成で、しかも2人の教師による密度の濃い保育を行うこととした。最後に第4グループの子どもは、注意力訓練（例えば、細部を観察する訓練）に参加した。実験の前後で、全ての子どもたちの言語能力、知能、空間認知能力、簡単な数学的能力が検査された。

　その結果、音楽教育を実施した第1グループと注意力訓練の第4グループの子どもは、非言語的知能検査、数学的基礎能力、そして空間認知能力について、著しい向上が認められた。異なる条件のグループ全ての子どもが比較検討されているため、ここで認められた効果は、グループ内の子どもが

＊訳注　アメリカのジョンソン大統領による「貧困との戦い」キャンペーンの一環として1960年代中頃から開始された、低所得者層の幼児を対象とする教育プログラムのこと。

既に「持ち合わせていた」能力に起因するものとは言えない。しかも、第2と第3グループにもこの効果は認められたが、顕著に認められたのは、教師による親密な保育の世話を受けていた小規模グループ(第3グループ)の方だった。なお、4つのグループの子ども全員が、密度の濃さは別にして、同様に教師による保育を受けていた！こうしたことから、調査を行った研究者たちは、教師が子どもに対して払う注意深さの程度が、成績の向上にとって重要であると判断した。何故なら、教師が払う注意深さが、子どもの注意深さをより強く引き出すからである。この調査では、注意深さの訓練と音楽の訓練とは、子どもの明白な学習の進歩をもたらした。しかし、このような実験結果の検証にあたって、ネヴィレらは、上述のシューマッハーやイェンケのように、音楽の転移効果を二次的なものと判断した訳ではなかった。むしろ、ネヴィレらは、**音楽もまた**、それが活動的にかつ教育的に子どもを方向づける場合には、注意深さを訓練する一つの要因となると推定している。さらに、彼らは注意深さという重要な概念を十分に特徴づける努力も行っている。彼らによれば、注意深さとは、高められた注意の状態、つまり、ある特定の対象・刺激・合図へ向けられる選択的焦点づけの状態のことであり、同時にその時々の未解決の問題のために、重要でない情報には意識的な注意を払わない能力のことである。同様の考え方は、マイケル・ポスナーらの研究グループによって、現実的な注意深さ、つまり「実行的注意」の概念で指摘されている。その場合の注意深さとは、注意を向ける対象への高度な「開放性」と鋭い感受性として特徴づけられている[67]。

さらに言えば、音楽教育による注意深さの促進という側面は、イマヌエル・カント(1724-1804年)やフリードリヒ・シラー(1759-1805年)の美的理論との直接的な関連性を指摘することもできるだろう。カントとシラーの思想によれば、美的知覚の特質は、根拠を挙げてその理由を説明したり、解釈したりすることができずに、観察対象(例えば、ベートーベンの弦楽四重奏曲)が、もっぱら「美しく」、「美的」であるという理由のために、想像力や理性が遊技の状態へと入り込むということであった[68]。まさに、こうした芸術作

品が持つ人を引きつける魅力と言葉を失った状態が、知的能力を呼び起こすことになるのである。それは高められた注意深さと認知的開放性の状態であり、この状態はまた、上述した転移効果研究に従えば、音楽を聴くこと(広くはあらゆる芸術行為)が内包する一つの特徴的目安となるものである。従って、ポスナーらの言う「実行的注意」の状態とは、芸術を知覚したり、美的な判断に伴う付随現象どころか、カントとシラーの美的理論を踏まえれば、芸術の**本質**そのものなのである。

　この芸術の本質である注意深さは、ある特定の脳神経領域と結合しており、その脳神経領域は、注意深さの状態が長く続く場合には、さらに神経細胞間のシナプスを複雑化させていく。従って、**能動的**に音楽を聴くことや音楽を演奏することは、就学前の子どもであっても、彼らの注意深さを訓練し、同時に認知能力を**機能的に活動する**ように促す作用もする。つまり、音楽に集中することは、**実行的注意**を伴って芸術的な能力を育成するばかりでなく、それ以外の能力にまで働きかける基盤となる脳神経組織を形成する。空間認知能力の向上といった転移効果は、確かに音楽教育以外の方法(例えば、スポーツ活動)によっても達成することはできる。しかし、子どもが学校の中で自分に興味のある活動を見い出すことができるように、音楽教育の基礎が与えられることも重要である。音楽の基礎が与えられていれば、その後になってから、子どもたちの必要に応じて、例えば十分な自然観察や計算、数学の練習、詩の解釈を通しても、注意深さを訓練する教育機会は提供できることになる。子どもたちが選択する活動は、それが自分の興味関心に合致している場合には、注意深さと豊かな感受性を訓練する機会となる。学校には様々な役割があるが、以上のような意味での選択可能性が提供されていることが、子どもたち一人ひとりの興味関心に応じた、そして人間的で活力に満ちた学校の本質的要素なのである。

●音楽の転移効果研究に対する疑念の検討（2）

　同様にして、転移効果研究を疑問視するもう1つの主張も再検討される必要があるだろう。例えば、上述のドイツ連邦教育研究省の報告書において、シューマッハーは、モーツァルトのソナタを聞いた後の空間認知能力の向上（少なくとも短期間の）、いわゆる「モーツァルト効果」と同様の現象が、スティーヴン・キング*のホラー小説を読んだ後でも現れたとする研究成果に言及し、次のように指摘している。

　「つまり、〈スティーヴン・キング効果〉も存在することになる！　この発見は、認知活動の活性化状態（高められた学習準備と学業成績の向上を伴う）の出現が、モーツァルトの音楽を聴く時だけに現れる特有の現象ではないことを示している。」[69]。

　しかし、このシューマッハーの主張においても、音楽の転移効果そのものは否認されていないことに注意すべきである。何故なら、高められた認知活動状態（確かにそれは音楽に特有のものではないにしても）が、実際に空間認知能力を向上させる基盤であることが確認されているからである。しかも、シューマッハーが指摘した〈スティーヴン・キング効果〉がどのようにして生じるのか、そのことを説明することも可能である。ここでは、小説を読むことがもたらす作用について、1つの補足説明を加えておきたい。
　脳神経学の研究成果は次のような知見を提示している。それは、笑っている顔や怒っている顔を**観察**している人間の内部では、観察対象の人物の表情を操作している脳神経と**同一**の脳神経が活性化する、という事実である。こ

　＊訳注
　　1947年生まれのアメリカのホラー小説家で、その作品の多くが各国語に翻訳され、映画化もされている。代表作に、『キャリー』(1974年)、『シャイニング』(1977年)、『ドラゴンの眼』(1987年)などがある。

の際に働いている脳神経細胞は、観察している人間が観察対象の表情を内面的に再現し模倣するものであることから、「ミラー・ニューロン(物まね細胞)」と名付けられている。ミラー・ニューロン(物まね細胞)の作用によって、私たちは他者の中に入って行くことができるし、またこの細胞が私たちの共感能力を基礎づけている[70]。同様の研究結果としては、後に再度言及されることになるスコット・グラフトンとエミリー・クロスによる発見、すなわちダンスの様子を観察していると、実際にダンスを行う場合に作用している脳神経領域が活性化する、という発見である。加えて、近年の核磁気共鳴画像法を用いて、**読書している時**の子どもを観察した実験では、スリリングな場面(例えば、相手からの攻撃を手で防ぐ行動)の読書が、実際の運動行為の際に働く脳神経領域を活性化させるという事実も明らかにされている[71]。この研究を行った研究者たちは、**想起された運動行為**は、**脳神経細胞**によって再現されるという理論を用いて、読書をしている子どもにとって、読んでいる物語が強い現実味を持っていることを説明している。この場合、想起された運動行為は、当然ながら、**空間認知能力**とそれを司る脳神経細胞を刺激する。従って、この研究者によれば、読書は単に情報を受動的に取り入れる行為ではなく、少なくとも強い印象を与える文章であれば、その内容を「演じ切る」ほどの行為なのである。しかも、こうしたプロセスが頻繁に行われれば、関係する脳神経領域が活性化するだけではなく、その神経細胞の構造まで変えることにもなる[72]。その意味で、転移効果が読書や物語を聴くことによっても発生する現象であることが証明されたからといって、そのことで音楽の転移効果が無意味なものとされる訳ではない。むしろ、こうした一連の転移効果が発生するのは、音楽行為や読書などの活動が、部分的に同一の脳神経を刺激していることによるものなのである。従って、音楽行為や読書といった行為は、脳神経を「形成する」、ないし「改造する」ことができることになる。音楽を好む子どももいれば、物語を読むことや聴くことが好きな子どももいるだろう。従って、最も望ましいことは、子どもたちに多様な教育機会を提供して、彼らの感覚的印象を「複合的に強化すること」、つまり読書や

物語を聴く機会、身体活動、社会参加活動といった様々な教育機会を提供して、何よりも子どもたちの内部で継続的な転移効果が起こるようにすることだろう[73]。

芸術活動の作用は、もちろん、上記のような転移効果(それは主として認知領域について研究され、社会的・道徳的領域の研究は極めて少ない)に限定されたものではない。芸術の転移効果の研究を認知領域に限定してしまうことの問題は、人生を方向づけるような体験、つまりの自分の在り方に影響を及ぼす「鍵となる体験」が、時として芸術体験によって引き起こされたことを記した自叙伝や報告書を見れば明らかとなる。ここでは、前述したホルツカンプの報告に倣いながら、もう1つの事例を挙げておきたい。

私は数年前、日本のある女性歌手のインタビューを耳にしたことがある。この女性は、ドイツ語を極めて上手に使えるようになった契機を質問されて、次のように説明した。まだ日本にいた子どもの頃に、ゲーテの詩にシューベルトが作曲した「魔王」のドイツ語による演奏を聴く機会があった。当時の彼女にはドイツ語の歌曲の意味は理解できなかったが、それでも大きな印象を与えるものだった。彼女は、「魔王」が**音楽的に**極めて重要な内容を伝えていると思えたことから、歌手になることを決意しただけではなく、ドイツ語を習得することも決意したと言う。多くの伝記的報告と同じく、この日本女性の事例からも、音楽が個々人の学習動機を誘発し、人間形成プロセスを方向づけることもできることが明らかとなる。このような体験は、何かテストで測定できるような認知能力をはるかに凌駕したものであり、根本的な人生選択そのものに関わるものである。その意味で、それは、古代以来、芸術教育の理論的基礎づけへの関心を喚起させたものであり、また教育学者ヘルバルト(1776-1827年)に『教育の主要課題としての世界の美的表現』の表題で著書を書かせる誘因ともなった、普遍的な体験なのである[74]。従って、転移効果の研究においては、個々人の人間形成プロセスにおいて芸術体験が果たす現実的役割にも関心を払う必要があるだろう。伝記的報告は、音楽活動や音楽を聴く体験が、一人ひとりにとってどれほど深い意味を有しているかを教

えてくれる。このことは、上述したアルテンミュラーをはじめとする研究者が実証的に幾度も指摘してきたことである。しかしながら、こうした側面には、従来の転移効果研究は全く注意を払うことはなかった。転移効果研究に対する批判的議論と関わって、1つの事例を再び取り上げて、この点を明確にしてみよう。

音楽の教師であれば、音楽活動が子どもによって極めて多様に体験され、評価されるものであり、また音楽の授業に対する共感だけでなく反感すら存在することは、誰でも知っている。従って、音楽活動が認知能力やその他の能力に及ぼす作用を調査する際には、音楽活動の受け止め方が個々人で異なるという事実を十分に考慮しなければならない。前述した通り、音楽活動や音楽を聴く体験が及ぼす効果は、効果が認められる場合でも弱いものか、ごく控えめなものであった。先にラウファーの興味深い研究に関連して指摘したように、学校オーケストラへの参加体験とその後の知能検査の結果との相関関係は低いという事実から、転移効果研究への批判者は、このような相関関係そのものが意味がないと解釈してきた。しかし、相関関係の低さという結果は、被験者の大半の転移効果が弱いか控えめなものだったのか、それとも被験者の一部は強い転移効果が確認されたが、他の被験者は弱いか皆無だったか、そのどちらかであるのかを考慮しなければならない。後者のケースもあり得ることは、前述したアルテンミュラーの脳科学研究の知見、すなわち音楽は人によって極めて多様に処理されるという知見が教えてくれている。同様の知見は、芸術体験が人によって異なる作用(特殊な作用も含め)を及ぼすことを示す伝記的報告からも得られている[75]。従って、私たちは次のように考えなければならない。すなわち音楽の転移効果は、少なからぬ事例において、比較的強い効果として現れてはいたのであるが、被験者の個別の補完的分析を欠落した状態で行われた数多くの調査の統計は、この転移効果をいわば平準化してしまい、転移効果に批判的な研究者にはこの効果が見えなくなったのである、と。

以上、美的理論、芸術作品と音楽の構造分析、さらには伝記的報告の考察

も含めて、よりきめ細かな研究が求められていることを指摘して、音楽の転移効果に関する本章は結びとしたい。芸術の転移効果研究の中で音楽は、特に集中的に研究されてきた分野となっている。しかも、音楽は不思議なほど熱心に脳科学者によっても研究されてきた。このため、今では脳神経研究の1つの分野は、「音楽神経学」ないし「神経音楽学」とさえ呼ばれている[76]。では、ダンスや演劇の転移効果に関する研究は、どのような状況になっているのだろうか、次章で検討してみよう。

第3章
演劇およびダンスを中心とした芸術教育の転移効果

　絵画や線描、さらに造形、彫刻、ダンス、演劇などは、子どもの社会的・認知的・情緒的能力に対して、どのような作用を及ぼすのだろうか。この点についての研究は、音楽の転移効果と比べると数少ない。確かに、芸術教育学の専門文献では、観劇プロジェクトやダンスプロジェクト、美術館見学、絵画教室といった教育活動が、子どもの社会参加や攻撃的傾向の緩和、学業成績にも作用することを示した**実践報告**を確認することはできる。しかし、こうした実践報告が学問的議論の対象として取り上げられるのは、そのプロジェクトが一般に認められた研究方法を適用している場合や、部外者によって評価されている場合、あるいは実践報告が他の研究によって追認されている場合に限定される。こうした背景から、これまでは学問的議論の俎上に乗せられることがなかった実践報告として、校舎の装飾という造形分野の1つの事例を挙げてみたい。1990年代中頃、アメリカの女流工業デザイナーのルース・シューマンは、ニューヨークで、「パブリカラー」という名称の学校装飾プロジェクトを立ち上げた。この取組を通して、「敵意にみちた、工場のような外観」で「刑務所のような」校舎は、生徒も参加してより明るい色彩が施されたことで、「晴れやかで」、変化に富み、芸術的な建物へと変えられた。その結果、この学校の教師が報告しているように、生徒の中退率が減少し、生徒指導上の問題も少なくなり、明らかに生徒が授業に集中するようになったと言う[1]。　しかし、このような実践報告は、果たして信用できるのか、という疑問が生じることだろう。実は、こうした事例に関連して、校舎の色が同様の作用を及ぼすことを証明した学術的研究が存在するのである[2]。加

えて、校舎の構造に関する研究は、生徒から美しく魅力的と感じられる校舎は、著しい学習成果の向上と病気発症率の低下、そして学校破壊行為の減少をもたらすことも明らかにしている[3]。それでは、芸術教育としてのダンスや演劇などの授業科目の転移効果は、どのような研究状況にあるのだろうか。

●ダンスの転移効果

神経医学者のスコット・グラフトンとエミリー・クロスは、5日間の**ダンスの練習**が認知プロセスに及ぼす作用について調査した[4]。被験者には、一日の半分は活動的にダンスの練習を行い、残りの半日はダンスのシーンを観察してもらった。ダンスの練習の前後に、磁気共鳴断層撮影法(MRI)を用いて、被験者の脳神経のどの領域が特に活性化しているかが調べられた。最も重要な調査結果は、ダンスの練習が観察の正確さを高める(例えば、ビデオ撮影をしたダンスの動きの間違いを見つけ出すこと)という事実であった。さらに興味深い発見は、ダンスの動きを覚える際に、**誰か他のダンサーの動きを観察すること**が効果的であったということである。それは観察している際に、ダンスの動きを**実際に行っている**時に活性化するものと同一の脳神経細胞、すなわち「ミラー・ニューロン(物まね細胞)」が活性化するためである[5]。運動する行為とその行為を観察することが、相互に重なり合う脳神経領域を刺激するという事実は、運動の後では観察能力が向上すること、つまりダンサーの動きを注意深く観察できるようになる根拠となる。ダンスの運動が脳神経領域への刺激となって、観察能力のための脳神経上の基盤も改善されるということである。換言すれば、ダンスの練習は、身体運動の観察(例えば、他者の態度や身ぶりの注意深い観察)の際に深く関与する脳神経領域を、より大きな能力を発揮できる構造へと変化させる。このことは、ダンスの転移効果として、対人コミュニケーション能力という**社会的な**効果があることを明白にしてくれる。ダンスの動きの練習においても、音楽における技能の習得(例えば楽器の演奏)の場合と類似したメカニズムが重要である。つまり、ダ

ンスの練習が楽しいと感じながら行われる場合には、脳細胞の中ではそれだけ多くのホルモン（具体的にはオキシトシン＊）が分泌され、今度はそのホルモンが学習活動を促進したり、円滑にしてくれるのである[6]。

　一方、ダンス教育家のアン・ギルバートは、アメリカのシアトルにある小学校での研究プロジェクトによって、ダンス練習を教科の学習の中に組み込むことが、子どもの学業成績にどのような作用を及ぼすかを調査した。そこでの研究仮説は、体を動かすことは学習にとっての鍵的要素である、ということであった[7]。アルファベットを身体で表現すること、惑星の軌道の「ダンス」、4～5人のグループで動きながらの計算などの多くの身体運動は、子どもの学業成績の顕著な改善をもたらした（特に算数の成績向上）。4つの小学校に在籍する250人の子どもが20週間以上にわたって調査され、他の小学校の子どもの平均値と比較された。この研究は、確かに方法論的には不十分な点もあるが、研究仮説と教育的試みの点では、研究の発展にとって興味深い。加えて、いわゆる「言語志向」の子どもとは別に、「筋感覚志向」の子どもが存在するという指摘も興味深い。調査結果によれば、**このような筋感覚志向の子どもは、言葉を優先的に用いた授業形態の時より、授業の中に運動を取り入れた教育活動の方がより効果的な学習ができた**と言う[8]。

　また、ミーア・ケイナネンらは、ダンス教育の転移効果に関する4つの調査研究の総括の中で、子どもの非言語的知能（例えば空間認知能力）がダンスによって促進されることを確認している[9]。但し、ケイナネンらは、この研究結果を一般化して論じるためには被験者の数がまだ不十分であり、この知見はあくまで暫定的なものであることも強調している。彼らはまた、ダンスの転移効果が長期間に及ぼす作用については、現時点では何も分からない、

＊訳注
　オキシトシンは、前述のエンドロフィンと同様、脳細胞内で分泌されるホルモンの一つで、中枢神経間の情報伝達機能を果たすとともに、他者への愛着や信頼感情、幸福感を増すなどの多彩な機能も果たしていることが確認されている。このため「愛情ホルモン」、「絆ホルモン」、「癒しホルモン」等の別称でも知られている。

とも述べている。それでも、前述の研究結果と関連づけて考えれば、この研究結果は十分に納得できるものと言える。

一方、カナダのラウラ・ペティットらは、次のような研究仮説に基づく調査を行った。それは、**ダンスは高度な選択的注意深さ、身体運動の制御、さらに運動・感覚の調整を必要とし、同時にこうした能力を訓練するものでもある**という研究仮説であった。この脳神経学に基づく研究によって、ダンサーは一定の注意深さを必要とする課題を、ダンサー以外の人よりも良く解決することができることが明らかにされた。但し、このことはあくまでも統計的な傾向を示したものであり、全ての個人に当てはまるものではないことも強調されている[10]。この研究の場合、少なくも8年以上ダンス教育を受け（小学校就学前から）、ダンス教育に参加することが楽しく、喜びを感じている青少年と大人が調査対象となっていた。注意深さの調査に関しては、残念ながら十分詳しく記述されておらず、また研究方法も必ずしも洗練されたものではない。しかし、それでもペティットらは、次のような実に包括的で現実的な結論を導いた。それは、この調査結果から、アメリカにおいて近年広がりつつある学校の芸術関係予算の削減は問題があること、そしてダンス教育の認知作用についての議論も開始されるべき明白な根拠がある、という結論だった。つまり、この研究者たちは、**教育政策上の立場を鮮明に打ち出し**ていることになる。

ダンスを通して運動と感覚との調整機能を訓練することは、様々な運動能力に対しても作用を及ぼすことができるに違いない。この作用に関連して、ごく最近刊行されたニコーレ・ミュールフォルテの研究成果は、ドイツの小学生の書字能力について明らかにしている[11]。書字能力に熟達することは、小学校段階の子どもの**書き方能力**の重要な成立要件の1つとなっている。そこで、この研究者たちによれば、自分の手を用いて文字を書くことは、現代社会においても高い価値を有しているため、書くという文化的技術の習得に困難がある子どもについての報告は注目する必要がある。書くことに障害が生じる原因は極めて多様であるが、運動能力や空間認知能力の僅かな障害が、

第3章　演劇およびダンスを中心とした芸術教育の転移効果　61

書く能力の習得の際の支障となることは、既に知られていた。そこで、ペティットらは、運動能力と知覚能力の形成プロセスをどの様に支援することができるか、ということを研究課題とした。ドイツではここ数年来、「学校におけるダンス」というテーマが頻繁に議論されていることから、具体的には、「子どもの創造的なダンス」が、書字能力の習得にあたって子どもをどの程度まで支援することが可能かが調査された。この実験研究は、統制群の子どもたちも用意して、3年半にわたって2つのドイツの小学校で実施された。ダンス練習の効果が、運動能力と書字能力の検査によって検証され、補足的に動議づけに関する質問紙調査も行われた。調査の結果、ダンスの練習を実施した子どもたちの書字能力は、ダンス練習を行わないグループ（統制群）との比較で、著しく向上したことが明らかとなった。

　ここで、以上のようなダンスの転移効果研究の補足として、どちらかと言えば問題のある研究成果を1つ挙げておきたい。この研究は、ダンスをそれ自体として観察するだけではなく、ダンスを行っている際の質的な内容を詳細に考慮に入れることが如何に重要であるかを示してくれる。つまり、一口に「ダンス」と言っても、それぞれのダンスに含まれる教育的意味は、極めて多様であるということである。アメリカのシカゴで、「旋風」と名づけられたダンスプロジェクトが開始され、ダンスが小学生の読み能力に実際に効果を発揮するのか否かが検証された。その結果、確かに、子どもたちの読み能力は、統制群（国語の時間では同じ教育を受けるが、ダンスの練習は行わないグループ）と比べて、有意に向上した[12]。しかし、問題は、この研究において「ダンス」と言われているものは一体何だったかということにある。実際は、この実験調査で子どもたちは、何と、アルファベットの形を踊らされているだけのことだったのである！ハーバード大学教育学研究科の研究者が批判しているように、こうしたやり方は、確かにアルファベットを学習するための及第点を付けられる1つの方法ではあっても、そのことが果たして「ダンス」と言えるのか、との疑問を生じさせるものであった[13]。

●スペルキの研究成果

　さて、方法論的に周到に準備されたスペルキ（ハーバード大学）の研究は、**音楽、演劇、文章創作、造形教育**の転移効果と並行して、数学的能力やその他の知的学習の基礎的能力に及ぼす**ダンス**の転移効果について調査したものである[14]。ここで少し詳細に、スペルキの研究方法について述べておきたい。というのも、美的人間形成の理論における学習転移を評価する上で重要となる視点が、この研究から明らかにすることができるからである。この研究では、知能、年齢、性別が検査結果に及ぼす影響を可能な限り確認している。この側面は、現在では研究方法上の1つの重要な基準となっているが、従来の多くの転移効果研究では留意されてこなかった項目である。この調査の被験者は、ハイスクールの女子生徒64人と男子生徒16人で、いずれも芸術を重点的に学んでいる生徒で、年齢は14歳から19歳までで、芸術教育を受けた期間や受講していた時の集中の度合い（自己評価で）も確認された。

　ここで、数学的能力に関するスペルキの興味深い研究仮説に言及しておくべきだろう。というのも、その研究仮説は転移効果の説明のための重要な論点を提供してくれるからである。スペルキによれば、基礎となる数学的能力は、予め対応する脳神経回路が既に形成されていることが前提とされる訳ではない。むしろ、数学的能力を発揮するためには、最初に、その他の基本的な認知能力（例えば、関連づけの能力や空間的・地理的能力）を司っている脳神経領域が必要とされる。同様に、数学的能力は子ども一人ひとりの個別の成長過程の中で準備されると考えられている。

　このスペルキの指摘は重要なメッセージを含んでいる。何故なら、関連づけの能力や空間認知能力は、演劇や音楽あるいは彫刻制作といった芸術活動においても必要とされるものだからである。つまり、学問的活動においても芸術的活動においても、まさに同一の脳神経領域が必要とされているのであって、長く続く活動の場合には（例えば、長期間ダンス教育が継続される場合）、脳神経細胞はより複雑に形成されることになるからである。このことを踏ま

えれば、芸術教育に対して常に浴びせられる批判に、芸術教育の転移効果という根拠を用いて、新たな議論を展開することが可能となる。脳神経研究は、既に輪郭を示しておいたように、これまではやや抽象的なものであった転移効果研究に、新たな展開の可能性を提供した。日常生活の中での空間認知活動(例えば新たな土地を知ること)、数学的活動(例えば幾何学、地理の学習)、さらに芸術活動(例えば演劇やダンス)によって、**部分的に同一の脳神経領域が活性化され**、そのことがまた学問的な能力と芸術的な能力双方にとって必要となる生理的基盤が構築される。前述の通り、神経医学研究で明らかにされた脳神経細胞の可塑性が示しているように、ある一定の脳神経を長期にわたって活動させることは、より濃密な脳神経回路を生み出し、その新たな神経構造が今度は頭脳がある一定の情報処理を行うための生理的前提となる。つまり、上記の事例では、芸術活動を行うことは、幾何学の問題を処理するための新たな潜在的能力を形成することになる。その意味で、芸術体験は、芸術とは縁遠いと思われている学問の世界と無関係どころか、情報処理を司る脳神経の側面では、部分的には知的な学問領域と重なっており、そのことは芸術体験の本質的特質と言えるものなのである。芸術的に構成されたダンスや演劇は、**本質的特質として**、例えば幾何学的な特性を持っていて、数学と極めて親和的なものと言える。換言すれば、数学的な精神は、ある一定の芸術的領域の中に「住んでいる」とも言えるだろう。ダンスや演劇を意識的に観察したり、体験することを通して、つまり芸術体験を行っている自己の状態を省察することによって、芸術体験と数学の世界が隣り合わせにあることに注意を向けることは、意味のあることだろう。では次にスペルキの研究成果を検討してみよう。

　スペルキによる実験では、全ての被験者が、数学的能力と空間認知能力に関する6つの検査を受け、また言語的知能も測定された。例えば、その1つの検査課題は次の通りであった。テントウ虫の卵として指示された大きな黒い点(ドット)を、コンピュータのモニター上で確認してもらった後で動かし、指示された黒い点がどこにあるかを回答してもらうという検査である。確認

のために、最後には指示された黒い点が実際にテントウ虫に変化した(図表7)。つまり、この検査では少ない数の対象物を正確に同定する能力が確認された(オブジェクト・トラッキングテスト、略称でMOT*)。この検査は、内

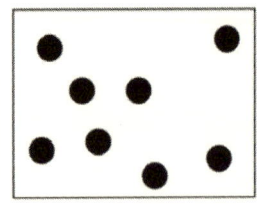

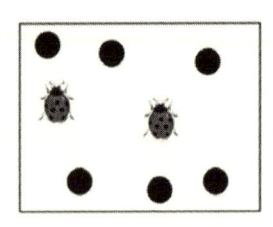

》テントウ虫はどこにいますか？《

図表7：MOTの様子(テントウ虫がどこに移動したかの確認)

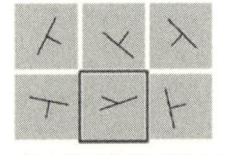

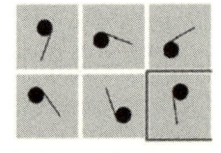

》赤と青、どちらの数の方が多いですか？《　》ほかと形が異なるのはどれですか？《

図表8：数の違い(左)と形状の違い(右)の検査

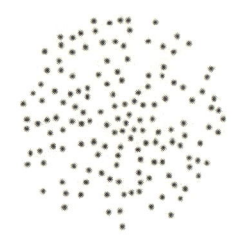

図表9：黒点の数の見積もり検査

---

*訳注
　物体を認知する能力を検査するために心理学実験で用いられる手法で、画面上に表示された複数の物体(オブジェクト)を追跡(トラック)させることから、オブジェクト・トラッキングと呼ばれる。

容的に大人だけではなく子どもにも行うことができるものである。この検査の他に、形の相違を見つけ出す検査(**図表8参照**)、点の総数を予測する検査(**図表9参照**)、さらに空間的イメージを現実の目的物で表す検査(**図表10参照**)が行われた。最後に紹介した検査では、まずカード上に三角形の形で示された3種類の点構成を、遠近法的に異なって見えるように置かれた現実の小さなブリキ缶で関連づけることが課題となっている。被験者は、カード上で表示された点構成と同じくなるように、地面に置かれたいくつかのブリキ缶のどれかの中におもちゃを入れるよう指示された。なお、この検査では、最初に提示されるカードかブリキ缶の1つに目印になるように色付けした場合と、色付けをしない場合の違いも検査された。つまり、この検査課題では、現実の位置関係と抽象的な位置関係を転換する能力の有無が確認されたことになる。では、実験結果はどうだったのだろうか。

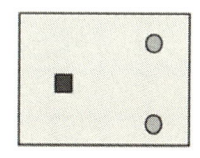

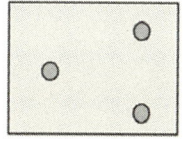

»ブリキ缶の中におもちゃを入れなさい«

図表10:空間認知能力の検査の様子

　確かに全ての検査で、数学的・幾何学的能力への芸術教育の顕著な効果が示された訳ではない。しかし、大勢としては芸術教育の転移効果を実証するものとなった。例えば、MOT検査(**図表7参照**)では、芸術教育を受けていた全てのグループが、同年齢グループとの対比で高い数値を達成した。その際に、どのような種類の芸術の教育を受けていたかによる差違は見られなかった。検査課題は徐々に難しいものへと発展して行ったが、比較的難しい課題への回答結果と芸術教育を受けていた期間の関連を調べると、ある顕著

な関係が判明した。**ダンス練習やビジュアルアートの練習**を長期にわたって積んできた子どもは、難しい検査課題でも良い成績を収めたのである(とりわけ年少の子どもの場合)。この検査の場合、言語能力が検査結果に影響を及ぼす重要な要素であることも判明したが、スペルキは芸術の効果と言語能力の効果を方法論的に分離することができたことから、この2つの要素が混在しないようにして分析することができた[15]。

形の相違を識別する検査では(**図表8**)、**音楽グループとダンスグループ**が最良の(しかも顕著な)結果を出した。また、ビジュアルアートの訓練を集中して行った度合いが、この検査の成績に大きな効果を及ぼした。音楽とダンス教育がとりわけ強い転移効果を示すことは、短時間で数の多さを見積る正確さを試す検査でも明らかとなった(**図表9**)。図形のイメージを現実の空間的位置として予測させる検査(**図表10**)では、音楽とダンスの方が、演劇や

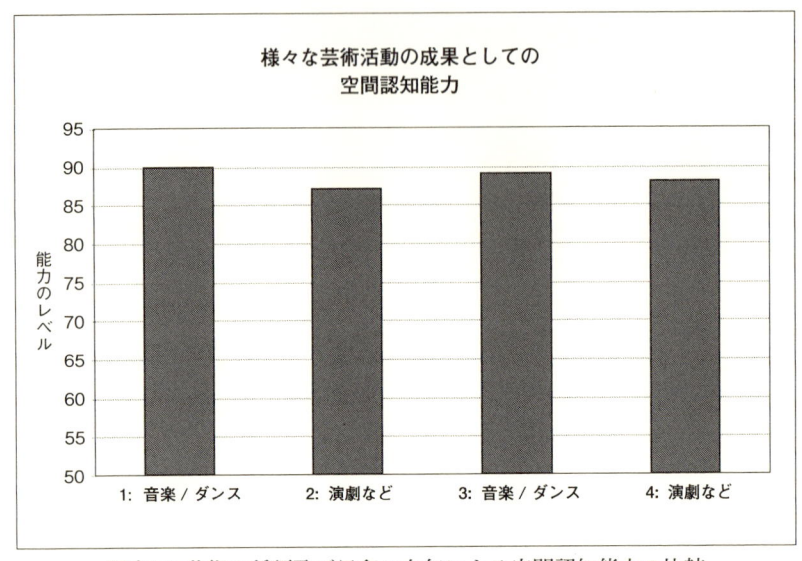

図表11:芸術の種類及び目印の有無による空間認知能力の比較

1と3=音楽とダンスのグループ、2と4=演劇及びビジュアルアートのグループを表示。また1と2は目印有り、3と4は目印なしの場合を表示

ビジュアルアートおよび文章創作よりも転移効果が大きい結果となった(**図表11**参照：このグラフでは、音楽とダンスのグループと、演劇、ビジュアルアート、文章創作のグループの2グループ分けして表示してある)。**図表11**からは、色づけした目印は何の役割も果たさなかったこと、また2つの芸術グループ間の差は決して大きなものではなかったことも分かる。この検査では芸術教育を受けていたグループの全てが、標準的数値を明らかに上回る結果となった。

　スペルキは以上のような様々な実験結果から、次のように結論づけている。すなわち、特に空間的位置の表象能力と空間認知能力は、音楽とダンスの練習を通して促進され、また視覚的に確認される位置情報に対する観察力は、とりわけビジュアルアートの集中的練習を通して促進される、ということである。スペルキは、「研究結果は、空間認知能力が数の配置を認知する能力と同様に複合的な背景を有していること、そして芸術訓練はこうした能力を促進する効果があることを明らかにした。」と述べ、なお一層の実証的研究の蓄積が必要であることも強調している。

●演劇の転移効果

　演劇の転移効果に関しては、上述の研究以外にもいくつかの研究成果により検証されている。まず、神経学者のケヴィン・ダンバーらは、音楽および演劇(パーフォーミング芸術)の長期間の練習が、認知能力に及ぼす影響について調査した。この研究では、磁気共鳴断層写真(MRT)を機能的に活用して、練習のたびごとに脳神経のどの部位が活発に活動するかが確認された[16]。その1つの実験では、少なくとも4年間の演劇訓練を受けてきた18歳から22歳までの学生と、同年齢で演劇の訓練を受けていない学生とが比較調査され、創造的思考(発散的思考)が測定された。この創造力の測定検査では、**1つの正解**しか許さない設問ではなく、正しいと考えられる**多様な回答の提案**ができる設問となっていた(例えば、「レンガとして利用できる、できるだけ多くの可能性を挙げてください」という設問)[17]。

従来の創造力に関する調査実験では、芸術教育を受けてきた学生の方がそうでない学生と比べ良い成績となる傾向が明らかにされていた。ダンバーらの実験は、こうした優位傾向が、確かに顕著な傾向としてではないものの、演劇を学ぶ学生にも認められることを確認した。また、断層写真撮影の結果からは、検査課題に回答している間の脳神経の活動状況が、2つのグループでは大きく異なることも明らかとなった。すなわち、演劇を学んでいる学生の場合、統制群(演劇を学んでいない学生)と比べて、言語処理を司る脳神経領域が極めて活発に活動していた。ダンバーらはこの事実から、演劇を練習している学生はそうでない学生と比べて、言語分析能力をより活発に使っていると解釈した。他の研究成果に基づけば、**言語能力を活用して課題を解決する訓練を行うこと**は、何かある問題に対処するための「イメージ」を描く時のように、創造的に思考する能力の土台を形成することになる。

　同様に、ジョン・ジョニーズの研究は、演劇と音楽を通した言語能力の変化を明らかにしようとした。彼の研究グループは、演劇教育を受けた俳優21人と、人口統計的にも準備教育の点でも比較可能な24人(演劇教育の経験はない)を対象に、言語能力を比較調査した。検査の結果、統制群と演劇グループのどちらも、一般的な言語能力の点では差異は見られなかったが、テキストの理念や内容を把握する能力の点では差異が確認され、演劇グループの方がこの点では高い能力を示す結果となった[18]。この結果は驚くべきことではない。演劇の台本の内容を理解することが、自分の配役を適切に演じるための不可欠の前提となっているからである。研究を行ったジョニーズらは、こうした台本の内容理解の能力は、芸術以外の分野でも、言葉やテキストの理念を把握することが重要となる活動でも効果を発揮すると考えている。

　さらに、入念に構想された研究方法に基づくシェレンバーグの研究では、音楽と演劇が認知能力と人間関係能力に及ぼす転移効果が調査された。この研究では、無作為に抽出した6歳から11歳までの子どもを、芸術教育の経験の有無によってグループ分けした[19]。音楽の効果については既に第2章で言及しているので、ここでは演劇の転移効果の調査結果について述べてお

きたい。それによれば、演劇教育を受けたグループは、演劇教育の経験がない統制群との比較で、人間関係能力が明らかに優れていることが明らかとなった。この結果は十分に納得できることだろう。というのも、演劇において、ある一定の役柄をうまく演じることができるのは、可能な限り集中して、演じる役柄になりきる時だからである。つまり、演劇を通して**共感能力**が開発されるからである。例えば、強盗が銀行の小さな窓口から女性行員の首を絞めようとしている場面では、窓口の銀行員を演じる生徒は大声で笑うことは許されない(**図表12**)。

こうした恐怖の場面を劇的に、かつ観客にも十分満足してもらえるように演じるためには、銀行員を演じる生徒が、味わっている恐怖に可能な限り集中して自分を重ねることができなければならない。**図表13**で示されたドラキュラに追われる2人の少女の場合は、既にこうした恐怖を表現することが

図表12：演劇の一場面(首を絞められる銀行員を演じる生徒は笑ってしまっている)

図表13:演劇の一場面(ドラキュラに襲われる恐怖が上手に演じられている)

できるようになっている。但し、シェレンバーグによれば、こうした演劇の転移効果が長期にわたって持続するものであるのか否かは明らかではないと言う。音楽に関するある研究プロジェクトでは、転移効果が長期に及ぶことが検証されているが、**演劇の長期間の転移効果についてはまだ調査されていない**。

　演劇活動と言語能力の関係については、2000年時点までの研究についてのレビューがまとめられている。この研究レビューでは、研究方法上の条件を満たしていると評価された80件の論文が検討されている[20]。ここで検討に供されたある研究では、テキストをただ単に読むだけの子どもと、テキストの内容を配役を決めて演じてもらった子どもが比較調査されている。調査の結果は、演劇方式を体験したグループの子どもの場合、テキストをただ読むだけのグループに比べて、テキスト内容の暗記力、テキスト理解力、さらに読み方能力も根本的に上達したことが明らかとなった。しかも、極めて興

味深いことに、こうして向上した能力は、テキストの内容理解を必要とする他の関連分野においても、同様に成果を発揮した[21]。

イリノイ大学のリード・ラーソンとジェーン・ブラウンが行った演劇の転移効果に関する研究は、あるハイスクールの演劇プロジェクトに参加した生徒と教師への徹底したインタビューの記録分析に基づくものである[22]。アメリカの中規模都市にあるこのハイスクールは、その演劇活動によって有名で、一定の評価も受けている学校である。この学校の14歳から17歳までの生徒が、ミュージカルの「レ・ミゼラブル」を演じた。公演から3ヶ月後に、公演に関わった男女各5人の生徒が14日間にわたって、経験したことや学習したことについて毎日インタビューを受けた。プロジェクトのコーチ2人へのインタビュー調査からも、プロジェクトの間に起こった出来事を理解するための補足的情報が集められた。さらに、生徒の親へのインタビューも行われ、公演の様子も観察された。研究者たちは、インタビュー調査などで得られた結果を、質的社会調査に基づく一定の指標に従って評価した。その結果、生徒たちの学びの経過とその内容に関する極めて詳細な情報が得られた。その際、研究者たちが優先的に関心を向けたのは、**認知的**成果ではなくて、被験者の**情緒的知能**が質的に開発されたのか否か、またこの情緒的側面の開発が具体的な演劇活動のどのような体験と特に関連を有していたかという点にあった。こうした研究の焦点化は、青年期の発達段階においては情緒の育成が特別の意義を有しているとする青少年研究の知見に基づいていた。この調査を行った研究者たちは、演劇活動は、情緒の育成に特別の可能性を与えるもの、つまり情緒的知能の育成にとっての「文化的手段」を提供するものであるとの考え方に立脚していた[23]。

演劇活動に従事した生徒の観察から明らかとなったことは、演劇づくりの過程で繰り返して生じる情緒の形態には、いくつかのタイプが存在するということであった。それは、子どもたちが体験し学習した情緒を特徴づけるもので、①**不満足感**(例えば、配役を巡って生じる)、②**成功したことの満足感**(例えば、配役の台詞を間違えないで話せたことから生じる)、③**腹立ちとスト**

レス(例えば、公演の日までに演劇を「完成」させなければならない時間的制約の中で生じる)、④**情緒的緊張の体験**(例えば、公演の直前・只中・直後の絶頂期に生じる)、そして⑤**不安感と葛藤**(例えば、公演を前にして、「停電」が起こるのではないかと考えて生じる)、などの情緒のタイプである。インタビュー調査から得られたデータは、こうした様々な感情が個々の生徒にどのように現れたか、またそのことが「情緒のバランス」やその結果にどのように影響を与えたかについて、詳細な知見を明らかにした。こうした情緒の学習経験は体系的に評価され、情緒的知能、特定の感情の原因と帰結、不安とストレスの克服といった「情緒的経験のマトリックス」として整理された。全体として、この質的調査研究は、演劇制作を通して生徒たちが学んだことの実際をリアルに理解することを可能にしている。同時に研究者たちは、演劇制作のどの過程が特に重要なのか、また演劇制作の過程で習得された情緒的知能という転移効果が、その後どの程度まで持続するかは明らかではない、と強調している。

　この何か特定の状況が特に転移効果をもたらすのか、効果の持続性はどの程度までかという論点の未解明ということは、**子どもの自発的な音楽体験や造形体験の構造分析**の研究にも当てはまる。例えば、音楽教育学者のコルネリー・ディートリッヒは、第5学年と第6学年および特別支援学校に在籍する子どもたちを対象にして、即興の音楽表現(例えば、短い歌を歌ったり、簡単な楽器の演奏)について分析を行っている[24]。ディートリッヒの研究の中心課題は、子どもの即興的な音楽には、音楽的に暗号化されたどんな「思考」が表現されているのかということであった。この研究課題は、第2章で触れた言語と音楽の関係に関する研究と関連づけて、詳細な考察を可能にするものである。明らかに、即興演奏の過程では、音楽的な思考が頻繁に展開されて行き、また予期しない音色からも新たな思考が生み出され、修正されたりもした。その意味で、即興演奏は、極めて内容豊かな認知的、情緒的、社会的活動の1つの結果と言えるものである。ゲッティンゲン大学の研究グループは、こうした研究方法を子どもの絵画へと発展させ、子どもが描く絵画に内包された教育体験を現象学的に分析する試みを行った[25]。同グループによ

る詳細な研究は、子どもが即興的に描く「芸術」を教育理論的に構造分析することによって、従来の転移効果研究では見落とされていた事実を明らかにした。しかし、こうした自発的な芸術体験が及ぼす効果や長期的作用に関しては、依然として課題として残されている。

●芸術教育の転移効果の新たな側面

　同様に質的・解釈学的分析の手法を用いたサスキア・ベンダーの研究も、従来の転移効果研究では見逃されてきた新たな側面に光を当てるものである。それは、具体的な美的体験と教育可能性が、その時々の学校の文化的・組織的状況に左右されるという側面である。ベンダーは、芸術を重視したある小学校の詳細な事例研究によって、例えば人生の危機のような重大場面において、美的体験が人間としての成長を可能にすることができるのは、どのような条件であるかを検証した[26]。ここでもまた、美的体験の人間形成的意味が確認されている。このベンダーの分析結果を援用して、学校の文化的環境まで含めて総合的に考察することによって、芸術教育の提供がそれだけでは必ずしも転移効果をもたらさないのは何故か、その理由が明らかにされる。

　スタンフォード大学(アメリカ)の研究グループは、様々な種類の芸術活動が、言語能力、音韻認知能力および数学的能力の習得とどのような関連性があるかを調査した。その際に、実験中の被験者の脳神経活動の状況も観察された[27]。調査研究の1つでは、7歳から12歳までの49人の子どもを対象に、言語能力の推移が3年間継続して調査された。研究者たちが特に注目したのは、読み方の流暢さと音韻認知の注意深さ、音声を知覚する際の注意深さであった。これらの言語能力の育成が、学校内校外での演劇、ダンス、ビジュアルアート(絵画、線描、造形)、音楽の練習の程度と関連づけて分析された。その結果、造形活動は、音韻認知の注意深さを明らかに高める転移効果があることが明らかとなった。この転移効果は、とりわけ年少の子どもに顕著に現れ、他方で、芸術教育を経験した子どもと経験しない子どもとの差違は、

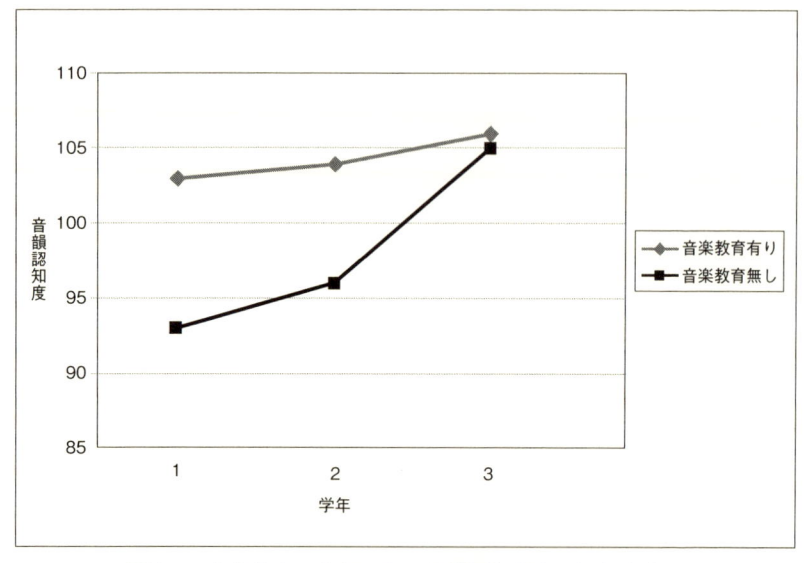

図表14：音楽教育の有無による音韻認知能力の経年変化

　その後の2年の間にごく僅かなものへと推移した(図表14参照)。研究者はこの点について、年長の子どもの場合は、芸術以外の手段を利用して言語能力を高めることができるためであると説明している。調査1年目の強い転移効果の要因として、特に芸術の練習に熱心な保護者からの強い励ましが、子どもの注意深さをより引き出したと考えている。音韻認知上の注意深さは、言語能力の重要な構成要素であるだけでなく、比較的集中して芸術訓練に取り組む子どもの場合には、左右の脳神経相互の強い結合と相関関係があることも確認された(特に効果的だったのは音楽の練習)。こうした左右の脳神経の強い結合が創造的能力の発達を導くことは既に明らかにされているが[28]、残念ながらこのスタンフォード大学の調査では、創造的能力との関連性は研究されていない。

　一方、既に言及したポスナーらの研究は、様々な芸術(音楽と造形)が子どもの認知能力の発達に与える作用について調査した[29]。ポスナーらは、子

どもが芸術活動に熱中することが注意深さを強化しているとの仮説に基づいて、芸術活動の転移効果のみならず、それに付随した脳神経活動の変化についても調査した。その結果、次のことが明らかとなった。芸術の種類に応じて、様々な脳神経の部位が関連づけられていること、芸術に興味関心のある子どもは、芸術的現象に対するある種の普遍的な開放性（虚心さ）を有していて、その開放性（虚心さ）が、「方向づけの感受性」という特性、つまり新たな現象に対する興味関心や好奇心という普遍的な傾向を伴うことが多いというものであった。この研究成果と関連することとして、私自身も数十年前に芸術教師のゲルハルト・ビュッテンベンダーと共同研究を行い、次のような事実を明らかにした。それは、1週間にわたって、第9学年の生徒を現実離れした馴染みのない画像の制作に従事させると、彼らには極めて非寛容な態度が現れたという事実である。曖昧なものに対する非寛容

図表15：非現実的な画像の制作実験(1)　**図表16**：非現実的な画像の制作実験(2)

さ、つまり曖昧で不明確な状況に耐えて、虚心に向き合うことができない状態が強化されたのである[30]。この実験で行われた画像制作は、**図表15**と**16**で示されるようなモンタージュ手法を用いて、この手法を習得した生徒たちに、2日間ほど挿絵から切り取られた画像を新たな画像へと再構成させるというものであった。

　ここで、再度ポスナーらの研究に戻ると、彼らは次のような事実も明らかにした。子どもたち(この場合は4歳から10歳)がある芸術活動に対して強い動機づけを持つと、そのことが普遍的な強い注意深さの準備、つまり認知的覚醒へと導くという事実である。ポスナーらがここで論じていることは、具体的で実践的なものとなった注意深さ(前述の用語では「**実行的注意**」)のことであり、知覚対象に対する高いレベルの開放性と感受性として特徴づけられるものである。このポスナーらの研究成果が転移効果研究全体にとって特に重要となるポイントは、転移効果が現れる際に最も重要となることは芸術活動に対する現実的な**興味関心**であるという知見である。ポスナーらが指摘したこの知見は、これまでの多くの転移効果研究が十分には注意してこなかった点である。この知見を踏まえれば、多くの先行研究において転移効果は弱いものであるとの実験結果(例えば、演劇と認知的・社会的能力との低い相関関係)が生じた理由がどこにあるかが、説明できるようになる。まさに、芸術行為によって強化される「実行的注意」は、その人の思考や情緒を制御する能力が向上することと同時に生じる現象なのである[31]。芸術活動によって注意深さが高まることについては、4歳から7歳までの子どもを被験者とする脳波測定によっても実証されている。以上のような研究で明らかにされた脳神経領域の機能強化(ネットワーク化)を、前述した造形の転移効果研究と関連づけて考えれば、ダンス練習や絵画などを長期にわたって体験すると、脳神経領域が生理機能的にも変化すること、従って脳神経の点でも**機能強化された高度な能力**が形成されることになる[32]。

●ディージーらによる研究成果

　本章の最後に、2つの研究成果をやや詳しく検討してみたいと思う。1つ目のディージーらによる研究成果は、狭義の転移効果研究を超えて、美的体験が人生において果たしている役割にまで関心を広げる契機となるものであり、2つ目のウィナーらによる研究成果は、それが転移効果研究の基本的枠組をはみ出るものである点で、もっと言えば従来の研究方法への批判を強く示唆するものである点で注目に価する。

　まず、1つ目の研究成果は、査読付きの学術雑誌に掲載された62本の研究論文を詳細に検討したもので、2002年にディージーが編集して『批判的連関：芸術における学びと学業成績および社会性の発達』と題して刊行されたものである[33]。本書の出版元は「芸術教育パートナーシップ」(AEP)という団体であり、出版刊行に当たってはアメリカ連邦教育省から助成を受けている。調査対象となった研究論文は、全体的に見れば、造形芸術(アメリカではビジュアルアートと呼ばれる)、ダンス、演劇、音楽、脚本執筆、およびこれらの芸術の総合的活動に関連したものである。大きな特徴として、本書では演劇と音楽に関する転移効果研究が特に多く取り上げられている一方で、ダンスと造形芸術については比較的扱いが少なくなっている。

　本書の執筆者たちの到達した結論は、芸術には様々な転移効果が確認できること、とりわけ言語能力、人間関係能力、数学的能力および学習意欲を向上させる効果が確認できるということであった。第1章でも触れた通り、いくつかの研究論文は、**社会的ハンディキャップを持つ子ども**(例えば、貧困状態に置かれた「危機に立つ子どもたち」)に対する芸術教育の転移効果を調査した。社会的ハンディキャップを持つ子どもを対象とした研究では、先に言及した記録映画『ベルリンフィルと子どもたち』の場合と同様に、様々な感覚を動員する身体運動と結合した芸術行為が、活動意欲や自己肯定感、そして読解能力を促進する有効な方法であることが明らかにされた。これらの研究成果によれば、音楽活動によって、特に子どもの時間ないし空間認知能力が高めら

れる。空間認知能力は、研究者たちが多くの認知能力(数学的・技術的能力)の基礎と考えている重要な能力である。

　一方、ディージーらの著書によれば、**学校演劇**は、テキストの理解能力を促進するばかりではなく、さらに社会的文脈を識別する能力、コミュニケーション能力、そして問題解決能力を促進する。**ダンス教育**は、自己肯定感、忍耐力、社会的寛容さ、さらには自分が所属する集団の持続的発達への関心(特に集団で踊るアンサンブル形式のダンスの場合)への転移効果が確認された。いくつかの論文では、ダンスによって、創造的思考能力(思考の柔軟性など)が促進されることも指摘された。これに対して、造形芸術は、まだ「十分な研究が行われていない領域」であると指摘されていて、実際にこの著書が調査対象とした期間(2000から2002年)には、方法論的に基準を満たした研究論文は僅かに4本に過ぎなかったと言う[34]。以上のような研究レビューを踏まえて、ディージーらは調査結果を次のような所見としてまとめている。なお、ディージーらは、若者と芸術との関係は、何もこうした転移効果という手段的な観点だけから考えるべきではなく、人間には芸術活動に対する内在する美的動機があることも指摘していた。

　「我々は、研究方法の点で基準を満たした研究論文を分析した結果、次のような明確な結論に達した。すなわち、芸術活動は、多様な形で若者の学業成績に関連する能力、社会参加能力、学習の動機づけ、そして人間関係能力にも貢献している。芸術教育は、健全な教育カリキュラムの中では真剣に考える必要のない〈おまけ〉にすぎない、といった主張はもはや根拠のないものである。」

●人間の一生に果たす芸術体験の役割

　ところで、ディージーらが、芸術活動に対する人間の内在的動機にまで言及していたことは、芸術活動の意味や役割を狭義の転移効果の枠組みから拡

大させて、**個々人**の人生経路における役割にまで視野を広げて検討すべきことを示唆している。こうした観点からの若干の事例については、既に音楽教育の中で言及しておいたが、ここでは美しい芸術作品と造形芸術の役割に関連した事例を紹介しておきたい。ポストモダン建築家のフィリップ・ジョンソンは、ドイツの月刊雑誌「シュピーゲル」(2002年6月11日付け)のインタビューで、現代の建築技法との関連について質問を受けた際に、あれやこれやの建築技法と関連づけられることを否定し、むしろ自分にとって重要なこととして、次のように答えていた。

「大事なことは建築が感動を呼び起こすことです。つまり、建築が人間を喜ばせ、元気にさせ、あるいは感動の涙を流させることが重要なのです。私にとっては、そうした体験は13歳の時に母親と一緒に訪ねたパリのシャルトル大聖堂でした。その時私はただそこに立ちつくすだけで、もはや私に何が起こったのかすら分かりませんでした。最後に、私は涙を流していました。建築家がこうした感動を与えることができ、あるいは少しでもそれができるのであれば、その建築家は良い建築家なのです。何故そのようなことが起こったのかは、建築家にとってはどうでもよいことなのです。」

この建築家の職業人としての人生経路において、美的体験が方向づけの鍵となったことは明白である。その意味で、美的体験は、認知能力や人間関係に関わる転移効果という限定的な範囲を凌駕した複雑な役割を果たし、人生経路全体の中に位置づけられるものと言えるだろう。美的体験が人生全体に及ぼす作用という側面は、これまでの転移効果研究では検討されてこなかったことであり、転移効果研究における「学問的欠落部分」となっている。ここで問われているのは、個々人の**生きる意味の発見**の手助けとなるような、人生全体に作用を及ぼす美的体験や活動ということである[35]。

同様の美的体験、つまり個々人の人生経路や人間形成プロセス全体にとって重要な衝撃を与えたような美的体験は、実は多くの人にも確認されると考えられる。この点で示唆に富む事例は、アメリカの調査会社**ハリス・インタラクティブ**によるインタビュー調査結果である[36]。2005年5月、アメリカ人を対象に、芸術への関心について実施したハリス世論調査では、例えば、「子どもの全人教育を保証するために芸術は重要である、という考えにあなたは賛成ですか？」という質問項目があった。この質問に回答者の93％が「はい」と回答した。また、芸術教育の重要度を1から10段階（1＝重要ではない、10＝極めて重要）で評価してもらう質問項目では、回答者の54％が最高度の重要性、つまり段階10の評価を与えていた。また2007年11月12日に公表された、音楽体験に関するアンケート調査は、人生経路における美的体験の役割という私たちの関心にとって極めて興味深い結果を提供している。すなわち、回答者の実に65％が、自らの職業上必要な能力（例えば、人間関係能力、創造性、目標実現能力あるいは問題解決の際に適切な行動ができる能力など）を音楽体験を通して促進された、と回答していたのである。学校において音楽教育を受けたアメリカ人（この比率は回答者の75％であった）の70％は、この音楽教育の体験によって、多かれ少なかれ**人間的に豊かになった**と感じていた。その際に、こうした回答は、最終学歴がより高い人ほど多くの回答が寄せられ（**図17**と**18**参照）、音楽教育を受けていた期間が長い人ほど多い回答となっていた。このような調査結果が示す**学歴**と**人間的豊かさ**の関連性は、次のことに注意を向けさせる。それは、美的体験を通した人生経路上の成熟化は、美的体験から直接的に引き起こされるものではなく、むしろ個々人の人格の中でより複雑に根づいていくものであるということである。つまり、個々人の反省能力、事前に受けた教育、感情的な関わりが、その他の要素とともに美的体験の在り方やその人生経路上に果たす役割に決定的に影響しているのである。以下の事例がこのことを明らかにしてくれるだろう[37]。

　これまでの転移効果研究では、文学作品の読書の効果についての論究が見

設問：音楽教育を振り返って考えて、現在のあなたの自己実現の段階に音楽教育はどのように影響を及ぼしていると思いますか？

	合計	学歴				民族		
		高校卒以下	大学中退	大学卒	大学院卒	白人	黒人	ヒスパニック
	%	%	%	%	%	%	%	%
極めて強く影響を及ぼしている	37	28	42	38	51	35	41	42
強く影響を及ぼしている	17	13	19	18	24	16	21	18
影響を及ぼしている	20	15	23	21	27	19	20	24
ある程度影響を及ぼしている	33	35	30	35	26	35	32	23
全く影響を及ぼしていない	25	27	25	22	22	25	18	29
分からない	6	10	3	4	1	5	9	6

備考：パーセンテージは、四捨五入の関係で正確に100%にはならない。

図表17：ハリス世論調査の結果（音楽教育の影響の認識と学歴の関係）

設問：音楽教育は、音楽以外の仕事や経歴で成功するための様々なスキルを提供する可能性を有する。例えば、音楽を通して学習された少しずつ上達していく作業のやり方や物事の考え方は、音楽以外の仕事や経歴の中で活用することができる。では、音楽教育は、あなたが以下のスキルを身に付ける上で、どの程度重要だったと思いますか？

	最高度の重要性あり	極めて重要	大変重要	どちらかと言えば重要	重要ではない	分からない
	%	%	%	%	%	%
グループの中で個人の能力の伸張に努力すること	47	23	25	18	22	13
共通の目標のために働くこと	44	21	23	21	22	13
問題解決のための専門的取り組み	41	19	23	20	25	13
創造的な問題解決	37	17	20	22	27	14
活動状況に応じて柔軟に対応すること	36	16	20	22	28	14

備考：パーセンテージは、四捨五入の関係で正確に100%にはならない。

図表18：ハリス世論調査の結果(音楽教育とスキル形成の関連性)

られないことは不思議なことである。一般に読書と言えば、児童文学あるいは国語の授業の重要な領域としか考えられていない。しかし、こうした事態は、伝記の中では読書の人間形成作用が頻繁に記されている事実を想起すれば、一層驚きを覚えることになる。アメリカの歴史理論家で未来学者のフランシス・フクヤマ*は、「歴史の終わり」という命題で有名になった人物であるが、雑誌「シュピーゲル」とのインタビューで、今後考えられる将来展望について質問を受けた[38]。インタビューの中で、編集者がオルダス・ハクスリーの未来小説『すばらしい新世界』に言及したことに関連して、フクヤマは次のように述べている。

「私はハクスリーの『すばらしい新世界』を他の10代の生徒と同様、高等学校の時に読みました。同時期にオーウェルの小説『1984年』も読みました。この二つの小説は、私たち人間にとって決定的であり、ますます決定的なものとなる2つのテクノロジー、すなわちバイオ技術と情報技術に対する実に正確な展望を与えている。しかし、私には『すばらしい新世界』の方がより興味深いものでした。この本は、良いと思われた世界、そこでは誰もが幸せに仕事をしている世界が、実際には悪い世界であるのは何故か、その理由を探し出さなければならない大きな挑戦だったのです。私はこの挑戦について熟考することを、高校生の時に開始したのだと思います。」

つまり、未来学者フクヤマにとっては、ハクスリーの小説『すばらしい新世界』は、それが契機となって未来を熟考するようになったという意味で、大きな現実的な役割を果たしていたことになる。同様のことは、ウンベ

---

*訳注
　1952年生まれのアメリカの政治学者で、父親は日系2世で母親は日系3世。ハーバード大学で博士号取得、現在はジョンズ・ホプキンス大学高等国際問題研究大学院(SAIS)の教授を務める。東西冷戦の終焉時期の1989年に発表した論文「歴史の終わり？」、さらに1992年出版の『歴史の終わり』(同年、三笠書房から邦訳も出版)で、世界的に脚光を浴びた。

ルト・エーコ*のような知識人が、イタリアのベルルスコーニ首相(当時)によるメディア支配を「メディアクラシー」という概念を用いて、十分な論拠によって批判していることとも通底している。エーコは、「メディアクラシー」概念によって、現代のメディア業界における1つのメディア・ファシズム、つまり経済的利害のみに誘導されたメディアの実態(大方の人々は私たちを幸福にしてくれるものと感じている)の典型的事例として批判していたのである[39]。まさに、私たちは(フクヤマと同様に)、小説や詩、伝記などの文学の中から、その後の人生にとって重要な役割を果たすことになる、象徴的で内容豊かな姿や原型となる状況を見つけ出すことがある。そして、こうした姿や原型的状況は、その時々に読んだ文学作品の内容を超越して、読書した人間の意識を形成し、分析的な能力を目覚めさせ、知覚の感度を高めるように作用するのである[40]。

もちろん、このような作用は、文学作品によってのみ生じるのではなく、例えば建造物や絵画作品から生じることもある。ゲーテは、その『イタリア紀行』(1789年11月10日付け)の中で、古代ローマ時代の建築や芸術作品との出会いについて次のように記している。

「一体にローマではこせこせしたものは何もない。まま無趣味な非難すべきものもないはないが、そういった点もまたローマのもつ偉大さの一要素となっている。人が機会あるごとに好んでするように、私も自分の心を振り返って見ると、私は口にのぼせずにいられないほどの限りない歓喜を発見する。物を見得る眼をもって、まじめにこの市を見物する人なら、かならず堅実な気持ちにならずにいられない。彼は堅実という言葉の意味を

---

*訳注
　1932年生まれのイタリアの記号論哲学者で、同時に中世研究者、文芸評論家、そして小説家としても多彩な活躍をしている。記号論哲学の著作や小説は各国語に翻訳されており、何度もノーベル賞(文学賞)の候補者に名を連ねている。日本でも『薔薇の名前』(東京創元社、1990年)、『フーコーの振り子』(文藝春秋、1993年)、『記号論』(岩波書店、1980年)など、多くの翻訳書によって知られている。

今までになくはっきりと捉えるに相違ない。精神は有能という刻印を押されて、無味乾燥ならざる厳粛さと、喜びに満ちた落着きとを獲得する。少なくとも私は、今この地においてほどこの世の事物を正当に評価したことがなかったような気がする。私は生涯に残るべきこの幸福なる影響を喜んでいる。」

（ゲーテ『イタリア紀行（上）』（相良守峯訳、岩波文庫）、227-228頁による）

ここで示されたゲーテにおける人間形成体験は、転移効果研究にとって多様なメッセージを含んでいる。それは、**美的な生き生きとした自己省察**であり、さらに次に続く人間形成衝動へと転化する美的体験が意味することに耳を澄ますことでもある。

最後の事例を1つ挙げたい。私は大学の教育理論ゼミナールの中で、時々、学生に自分自身の学びにとっての「運命の瞬間」、つまりこれまでの人間形成過程における転換点となった体験を書くように求めている。ある女子学生は次のように書いている。

「芸術の授業の中で、先生が数人の芸術家を紹介してくれた。先生はピカソ、ダリ、モネ、ゴッホについて語り、ついでに一枚の絵画を示した。その時いきなり私はピカソの絵画『ゲルニカ』を見て、とても強い印象を受けた。レポートを書く必要があったため、私はピカソについてのレポート、それも特に『ゲルニカ』を中心にレポートを書くことを決めた。レポートを執筆している間、私はより深くピカソについて学び、さらに芸術への私の興味をかき立てた他の画家についても調べた。学校を卒業した後でも、私は芸術と関わっている。様々な美術館や絵画館に出かけては、芸術作品を鑑賞している。昨年はマドリッドを訪れ、実物の『ゲルニカ』をじっくり鑑賞した。実に印象深い芸術作品 !!!」

こうした学生の自己回想の記述から明らかになることは、第2章で触れた

ホルツカンプの報告の場合と同様、探究を持続しようとする動機、つまり自らの行為としての芸術行為の動機となるような「感動体験」が、個々人の内部で生じなければ、芸術教育は効果を長く発揮し続けることはできないということである。この女子学生がピカソの一枚の絵画への驚きや好奇心のことだけを述べているのかどうか、あるいはマドリッドへの長い旅によって好奇心と探究精神が全面的に展開していったのかどうかは、分からない。いずれにせよ、こうした事例が明白にしてくれることは、探究心の高まり、共感感情、批判意識の覚醒、分析能力の育成のような転移効果が生じる時には、ただ単に体験や情報を処理する複雑なプロセスが重要となるばかりではなく、決して一般化することができない、個々人に感じ取られる作用も重要となるということである。つまり、「芸術教育」や「芸術の訓練」は、それをただ表面的に見ただけでは、何も分からないということである。多くの転移効果研究が、**研究対象としたグループ**について芸術教育は弱い転移効果しか確認できなかったと結論づけていることも、以上のような事情から説明することが可能となる。

　加えて、こうした転移効果の研究成果を古来からの美的理論と関連づけて考察することもできるだろう。例えば、シラーの思想、すなわち私たちは総じて美的体験の中では何らの認識も道徳的な方向づけも見い出すことはなく、ただ自由という状態（想像力と悟性との自由な遊びを通して）へと転換されるだけである、という思想も十分納得できるものと思われる。まさに、シラーの考えにおける自由の状態こそが、私たちに**自己行為として**の認識や生きる意味、そして道徳的方向づけを探究させてくれるものなのである（ゲーテが、ローマのパラティーノの丘*に立つ古代建築の遺構を感動とともに眺めた後で、「自らの内面へと向かった」ように）。こうした局面をさらに追究し、転移効果研究

---

*訳注
　後にローマ帝国へと発展する古代ローマの発祥の地とされる丘。貴族や歴代皇帝が豪邸を建てていた場所で、今もその遺構を見ることができる。古代ローマ時代の遺跡が立ち並ぶフォロ・ロマーノの南側に位置し、この丘からの眺望は素晴らしいとされる。

を人生経路にかかわる体験や、美的理論および芸術作品の構造分析とも関連づけることが求められる。ただこの試みはもちろん本書の課題ではない。しかし、こうした試みは、転移効果研究の成果やまたその短絡的な誤った方向を検証するためにも、不可欠の作業であると思われる。これからの転移効果研究では、調査対象の個々の人間に即して、芸術活動を通して生じていることの実態を、これまで以上に詳細に考察することが求められる。

●ウィナーらによる転移効果研究への批判

　こうした観点から見て研究方法論的に注目すべき試みが、ハーバード大学大学院のエレン・ウィナーらによって追究された[41]。ウィナーらの研究成果(2007年)は、2つの学校の生徒の観察に基づくもので、具体的にはアメリカのマサチューセッツ州の中等学校に在籍する第9、10、11学年の合計で38人が対象となっていた。この生徒たちは、**専門資格を有する**5人の芸術教師から選択教科「芸術」(ビジュアルアート)の授業を受けていた。**ビジュアルアート**には、①写真、②デザイン、③陶磁器制作、④彫刻、そして⑤絵画・線描の5つの選択科目が含まれていた。観察時間と記録時間は実に103時間に達する。また1年以上にわたって、授業の様子がビデオ撮影され、その撮影記録は後でそれぞれの教師に提示され、教師たちは授業姿勢やそれを具体化する授業の手立てについて質問された。例えば、「あなたは、このような場面であのように反応をしたのは何故ですか、また何故あのように教えたのですか？」、「あなたの授業のねらいは何でしたか？」、「あなたはどのような教育を志向していますか？」といった具合である。こうして、撮影されたビ

＊訳注
　教師の周到な授業計画に基づく意図的・計画的な授業(顕在的カリキュラム)に対して、教師が無意識的、無自覚的に行う指導や言動が児童・生徒に一定の教育効果を及ぼす現象を、隠れた(潜在的)カリキュラムという。アメリカの教育学者フィリップ・ジャクソンが1968年に提唱した。

デオ記録は、芸術教師がどんな「隠れたカリキュラム」*を好んでいるか、芸術教師がどんな暗黙の授業戦略を志向しているか、芸術教師と生徒の様子からどんな態度や認知上の規範(心の習慣)が確認できるか、またそうした態度や規範が学習内容にどのような作用を及ぼしたのか、という観点から解釈された。つまり、この調査は、教師と生徒の相互関係や教師が語った教育意図を実証的、現象学的に分析することによって、芸術の授業の中で何が起こったのかを突き止めようとするものであった。

　従来の転移効果研究ではあまり指摘されなかった興味深い結果の1つは、次のようなことだった。すなわち、生徒は教師が意図していたことや教育計画に書かれている意図を、いつでも無条件に学び取っている訳ではないこと、しかし同時に生徒は、**教師の深い専門性に裏付けられた**視点や能力、行動様式を獲得する機会を確かに与えられていた、という知見である。彼らの表現を借りるならば、「造形芸術(ビジュアルアート)に長時間、まじめに参加していた生徒は、その後で観察能力を高め、さらに失敗から学ぶこと、状況を批判的に判断すること、そしてその判断を自ら論理的に説明することもできるようになった。」

　しかし、その際にウィナーらは、以上のような実験結果に基づいて転移効果を証明しようとしたのではなく、芸術教育の作用自体を観察したにすぎないことを強調する。彼らの指摘は重要である。というのも、研究チームの1人であるウィナーは、実は、その数年前に発表したモニカ・クーパーとの共同論文(2000年)の中で、従来の研究が主張してきた多くの転移効果に異論を唱えていたからである(このことはアメリカで激しい論争を巻き起こした)[42]。ウィナーらの主張は、**これまでの知見**(この場合2000年の時点の)に基づけば、芸術教育には何ら特別の転移効果も認められない、というものであり、芸術教育家、音楽教育家、ダンス教師、そして学校演劇指導者たちの職業基盤を揺るがしかねないものだった。例えば、ペンシルベニア芸術教育連盟の執行役員であるジョン・ブルーマルは、インターネットの寄稿文の中で、次のように回想している。「このウィナーらの主張が正しいとすれば、芸術教

科に関する従来議論されてきた全ての根拠が失われてしまう。芸術教育に関する多数の小冊子やパンフレット、パワーポイントによるプレゼンテーション、書物、教育上の命題、様々な会議の結論、ラウンドテーブルの議論、政治的方針決定など、これら全てが無駄になってしまう。」ブルーマルによれば、人々はアメリカ連邦教育省のホームページや教科教育法の本を通して、良い芸術教育や音楽教育、あるいは演劇によって、子どもたち**彼らの生活のために必要な全て**を学ぶことができる、と絶え間なく教えられていたのだと言う[43]。

　一方、ウィナーらは、自分たちの主張に向けられた多くの批判に対して、転移効果研究は芸術教育に対して、早急に修正されるべき、完全に誤った方向性を与えていると反論した。ウィナーらによれば、芸術活動の中での本質的な教育体験は、転移効果を引き起こさせることとは全く異なる次元のものである。つまり、彼らの立場では、転移効果は芸術教育の本来的な目的ではなく、あくまでも副次的産物にすぎないという理解である。ウィナーらは、最近になって発表した自らの研究に関する報告において、十分な根拠に基づき（と私には思われる）、次のように強調している。「アカウンタビリティー」、つまり学校のみならず、就学前の教育施設についても、その実証的なデータに基づく説明責任が求められる現代の教育状況にあっては、芸術教育は、二つの基本的な問いに回答する必要がある。第1は、芸術教師は生徒たちにどのような認知的な基本能力を育成しようとしているのか、という問いであり、第2は、こうした能力を子どもたちはどのようにして最も良く獲得することができるのか、という問いである。しかし、現実には、「私たちは美術の授業で絵画の描き方を教える」、「演劇は創造性を訓練する」といったような教育目標や教育効果についての情報公開が十分に行われていないために、芸術教育を通して「心の習慣」の育成が意図されていたり、その教育方法上の工夫があったとしても、そのことを理解するためには、授業そのものを観察しなければならない、とウィナーらは強調した[44]。

　つまり、ウィナーらの主張は、これまでの転移効果研究は、芸術行為によ

る若干の転移効果を、それも分析の分析(メタ分析)によって実証してきただけであって、芸術教育そのものが掲げる教育目標の多くを、実証的に検証してきた訳ではないということである。彼らによれば、従来の転移効果研究が陥っている本質的問題は、それが調査対象のそれぞれの芸術教育の授業の中で実際に起こったこと、またその結果として生徒が習得したことには注意を払わなかったということにある。この点では、従来の転移効果研究は批判されて当然であったと言えるだろう。また、ウィナーらは、部分的に方法論上の問題を持つ転移効果研究を批判してもいることから(例えば、絵画・線描と認知能力の向上との間の**単なる相関関係**を、両者の**因果関係**として混同している問題がある)、彼らの挑発的な主張は、その後今日までの方法論上の要件を満たした研究の増加に、根本的に貢献したとも言えるだろう。

●ビジュアルアートの教育を通して獲得される能力

　それでは、ウィナーらは、上記の38人の生徒へのビジュアルアートの授業分析によって、教師が生徒に対して優先的に重要なことと考えている典型的な相互行為モデルを、どのように考察したのだろうか。彼らの研究成果によれば、授業はほぼ例外なく、教師による**模範実演**から開始された。それに続いて第二の段階として、生徒が**個人やグループ**で、**模範実演された課題や所定の課題に取り組む**。この第二段階は、しばしば、教師から監督され、助言を受けるプロセスとして行われた。最後の段階は**省察と討論の段階**があり、そこでは生徒自らの作品と同級生の作品が評価された。こうした授業の展開は何も珍しいことではないが、より興味深いことは、ウィナーらによって実際上の学習体験ないし学習結果として確認された合計で**8つの典型的な能力**である。この能力は、それによってウィナーらが、芸術教育を通して教師が事実として何を教えているのか、という問いに答えようとしたものである。教室の様子は、一定期間にわたって観察され、生徒の学習や判断の上達状況も、彼らの発言内容を通して確認された。こうした調査研究から獲得された、

芸術教育(特にビジュアルアート)を通して育成される能力は、次の8項目にまとめられた。

①**工芸的な器用さ、ないしは実践的な技能**：例えば、色や絵筆のような道具を正しく準備すること、木材や石のような材料を適切に加工することなど。

②**作業への取り組みと持続する能力**：失望することなく失敗から学ぶこと、石を削る際に忍耐と確信を奮い起こすこと、「内面にいる指導者」を活性化し、維持することなど。

③**構想力**：生徒は自分の作品を構想しなければならず、そのためには制作しようと思う風景や彫刻について、可能な限り細かな構想を考える必要がある。しばしば、教師はある作品を別の形にも変形できることを指摘する。その場合、生徒がその教師の指摘を理解できるのは、これまでに身に付けてきた判断基準に執着していない場合だけである。

④**表現能力**：対象の内面性をどのようして肖像画に表現するか、またある一定の気分をどのようにして写真として写し取ればいいのか。どのようにして自分の考えや理想を1つの作品として表現するか。レンブラントは、何故に1人の老人の肖像画に自らの精神性を表現することに成功したのか。

⑤**観察力**：絵画を正確に解釈する時、ある彫刻を別の視点から観察する時、ある静物画を綿密に構成する時、生徒は日常生活における場合以上に、入念に観察することを要求される。カメラのファインダーを通して見る時、生徒は最高の構図を選択し、撮影すべき画像の構成に注意を払う。

⑥**省察能力**：生徒は自らの作品をじっくり考えたり、議論するよう求められる。生徒は自らの作品を褒めたり、もっと良くしたいと望む。このことは常に対象との反省的関わり、省察的観察の中での学習を意味する。「どうしたら色の溶解を回避することができるのだろうか」、「うまく陰影を表現すのには、どんな平行線を描けばいいのだろうか」、と問うこと

は、自分が行ったことや考えたこと、意図したことを説明することでもある。それは、内面的な省察を準備すること、つまり対話的に考え、議論を通して考えることを学ぶ契機となる。自らの作品を評価することは、こうした観点から省察することでもある。

⑦**視点の拡張と探究**：芸術教育においては、青少年はしばしば、彼らがこれまで知らなかった表現形式と向き合わされる。その時に彼らはその新しい表現形式の理解のために、従来の解釈モデルを廃棄して、新たなモデルを開発しなければならない。彼らは、時には慣れ親しんだ解釈の規範から脱却して、新たな探究方法を試行する必要がある。

⑧**芸術の世界の理解**：芸術がどの文化や時代においても果たしている重要な役割の理解。芸術の中で表現された時代の兆候。芸術によるコミュニケーション様式を特別な「言葉」や表現形態として意義づけること。芸術を通した個人の成熟の体験。住んでいる環境を芸術的に形成し、体験すること。人間の健康にとっての芸術の意味を発見すること。

以上の8つの能力や学習成果には、「心の習慣」や「思考の技法」だけではなく、人格的特質、社会的資質、志向性まで含められていることは明らかである。その際に、芸術教育の枠組みを超えた転移効果が重要となるのか否かについて、ウィナーらは明確な結論は留保している。ただし、彼らは芸術教育の転移効果の可能性はあるとも考えている。実際、以上で紹介したウィナーらの研究の記録データは極めて多様に評価できるものであり、彼らの当面の研究関心が、上述した8つの学習成果を確認することだったにすぎない。しかし、私がより重要なことと考えるのは次のことである。すなわち、芸術教育を通して現実的に子どもに起こっていることは何であるのか、この事実を正確に観察することの重要性をウィナーらが主張してくれたことによって、今後の転移効果研究の1つの重要な方向性が提示された、ということである[45]。

終 章
今後の展望

● **考察のまとめ**

　以上、芸術教育の転移効果に関する研究を総括的に考察してきた。では本書の学術的・教育実践的な意義はどこにあると言えるだろうか。また、芸術訓練や芸術教育の根拠と目的は何であるかという問いに、転移効果研究の成果からはどのように答えることができるだろうか。私は次のように返答したいと思う。本書で検証した研究事例、課題設定、方法論上の諸問題および研究視点の展開に基づけば、芸術体験は、直接的な芸術領域を越えて、子どもたちの認知能力、情緒能力、人間関係能力に対して決定的作用を及ぼすことができる。換言すれば、芸術を体験することは、同時に思考・省察能力、観察の繊細さ、情緒の深まり、そして人間関係能力を訓練することにもなるということである。しかし同時に、この転移効果には極めて個人差がみられ、個々人の人生経路の中で多様な現れ方をする。このことは脳科学の研究によっても、また伝記的報告の分析からも明らかにされている。加えて、芸術体験が転移効果を及ぼすことができるためには、一定の外的な条件が必要である。ディキンソンが『芸術を通した学び』において指摘しているように、芸術的な授業を行うことによって転移効果が現れるのは、次のような条件が整っている場合である。すなわち、学習環境が総じて意欲をかき立てる雰囲気である場合(例えば、美しい校舎建築などによって)、そして学習環境が人間相互の結びつきを促進する作用をしていて、生徒自身の活動を促進するものであること、つまり学習環境が「退屈で、愚鈍で、硬直した環境(ここでは生

徒は情報の受動的な受容者でしかない)とは反対」の条件が整っている場合である。このことは、芸術活動重視のモデル学校の検証を通して明らかにされた知見である[1]。一方、グループで音楽を演奏することは、感受性、共感能力、それに連帯する能力を促進することが様々な研究者によって確認されている。しかし、ある人はこうした転移効果を検証しようとして、多くのオーケストラで調査してみたが、期待される成果は得られなかった。ウルリヒ・マーレルトが『オーケストラ』誌で、同僚のハイナー・ゲンブリスが語った次のような話しを引用しているが、それを読めばこうした状況がよく理解できる。

「音楽が実際に、それ自体として、知性や人格あるいは人間的姿勢などの能力への一般的な転移効果があるとすれば、オーケストラやオペラ劇団、あるいはロックやポップグループのようなプロの音楽集団のメンバーは、集中的にかつ長期間音楽と関わっているのだから、特別に知識があり、温厚で人間的能力にも優れた人物たちであるはずだろう。しかし、一般的には、こうしたことにはならないのである。」[2]

つまり、音楽などの芸術活動を通して提供されるものは、シラーの思想の意味において、知的・社会的・情緒的教育の**見込み**なのである。そうなることが芸術それ自体の本質的特質だからである。但し、どんな種類の「芸術教育」であっても常に転移効果を**保証する**訳ではない。このことが教育方法の側面で意味していることは何かについては、今後の転移効果研究や芸術学において、より厳密に研究される必要がある。また、転移効果研究そのものを批判する場合でも、また転移効果研究の方法論上の着想を批判する場合でも、若干の**研究方法論上**の観点は、これまで以上に持続的に注意を向けられる必要がある。

●転移効果研究の方法論上の問題

　先に言及した『批判的連関』を執筆したディージーらによれば、造形芸術(ビジュアルアート、具体的には写真、デザイン、陶磁器制作、彫刻、線描、絵画が含まれる)の転移効果に関する約4,000件の研究論文を検証した結果、良い知見を得る上で、研究方法の観点で基準を満たしていると確認できたのは、62件のみであった。この事例から、この間に発表された造形芸術の転移効果に関する研究の件数が極めて多いことが知れる。造形芸術の場合と同様に、音楽、演劇、さらにダンスに関する転移効果の研究文献も多数となっている。本書では、これらの研究成果の中のごく僅かしか言及できなかった。転移効果研究に対して最も多く寄せられる批判の1つは、因果関係と相関関係が混同されていることへの批判である。ここに、「方法論的に基準を満たした研究」だけに、検証対象を限定する1つの理由があると言えるだろう。

　一例を挙げれば、集中的に芸術訓練を行っている生徒(楽器の練習、学校オーケストラでの共演、芸術科目の選択履修など)を、同じような活動を行っていない生徒と比較させて、数学的能力を検査するという研究がごく普通に行われている。また、何と3年も経過した後で、前者のグループ(芸術教育を受けていたグループ)の生徒を後者(芸術教育を受けていなかったグループ)の生徒と比較して、数学的能力が大きく向上した、と結論づけるような研究も現実に存在する。しかし、こうした研究結果は、転移効果が生じたことを立証する何の根拠にもならない。それはただ単に相関関係があることを説明したにすぎないからである。つまり、もともと学習意欲の高い子どもは、芸術活動を好む傾向があることも考えられるし、またこの転移効果は芸術教育によってではなく、数学の点でも学習意欲が高いために生じた可能性もあるからである。

　こうした問題を簡単に解決する方法はいくつかある。その1つの方法は、生徒を無作為抽出方式によって、実験グループと統制グループとに分けることである。この場合、実験グループは、通常の授業の中で芸術体験を受けさせ、統制グループは芸術体験のない授業だけを受けさせる。実験の前後で、

2つのグループの数学的能力が調査される。無作為方式によるグループ分けによって、実験的に課した作用(この場合は芸術体験)以外には何もないことから出発しているため、統制グループと比較して実験グループの数学的能力が向上すれば、芸術体験と数学的能力の間には**極めて高い確率での因果関係が存在する**と解釈される。但し、こうした手続きにも問題がない訳ではない。というのは、上述の通り、転移効果が特に顕著に現れるのは、**個人的動機**が芸術活動に向けられている場合であるという知見を踏まえれば、無作為抽出によるグループ分けであっても、本当に前提条件が同一に設定できたのか、疑問視することもできるからである。こうした観点からは、脳科学研究が若干の改善の方策を提示してくれると考えられる。**脳科学研究**は、一人ひとりの脳神経内部での音楽の処理プロセスを詳細に追跡して、その結果を相関関係の研究も含めた転移効果の研究成果と関連づけることを可能にするからである。その上、脳科学研究は、芸術活動が事実として脳神経(ある一定の領域ではあるが)の構造を変更させることができること、この構造的に変更された脳神経が、今度はある一定の能力を発揮するための生理的基盤となることも明らかにしている。

●「時間生物学」の可能性

しかし、研究関心が脳神経に限定されてしまうことには、警戒する必要があるだろう。既に述べたように、私たちが芸術を体験している時には、ただ単に脳神経だけではなく、身体全体が反応しているからである[3]。新たな研究分野である**時間生物学**が芸術活動の転移効果の検証に援用された最初の事例は、オーストリアの研究プロジェクトであると考えられる。時間生物学とは、私たちの身体の内部で働いているリズムを伴ったプロセスを解明しようとする研究分野である。音楽の知覚には、リズムを感知する能力がどれほど重要であるかは、誰にも理解できることだろう。その意味で、時間生物学は、今後の総合的な転移効果研究において、不可欠の研究となると思われ

る[4]。詩の朗誦やシュタイナー学校(ヴァルドルフ学校)の正規の授業科目である、芸術的な身体表現「オイリュトミー」が、人間の身体を**健康に保つ機能**とともに、学習促進機能も有していることが、マクシミリアン・モーザー*らの研究によって実証されている[5]。モーザーらの時間生物学の研究がどのようなものであるか、ここではその一端だけを示しておきたい[6]。

　モーザーらは、自律神経の様々な機能(呼吸、脈拍、血圧、それらの関連性)を事例として、夜に見たテレビ番組やコンピュータ・ゲームなどによる継続的な負荷が、自律神経を乱し、睡眠にまで影響を及ぼすこと、その結果として休息のための極めて重要な身体の調和が阻害される事実を明らかにした。携帯用の小さな心電図計測装置(一般に**ハート・マン**と呼ばれている)を用いることで、一日中、つまり何らかの活動中も(仕事、テレビ視聴、睡眠など)自律神経の諸機能を測定することが可能となり、計測結果は一定の生理的パラメーターに換算された。例えば、**図表19**は、11歳の子どもの1日24時間の測定値を示したものである(オリジナルはカラー表示。ここで重要なことは、自動記録の画像、つまり一日を通しての**被験者一人ひとりの身体経過の記録**であるということである)[7]。この図表では、観測データの一部だけが選択表示されている。一番下には、この子どもが24時間の間に行った主な活動を時間毎に記録してあり、その上の欄にはそれぞれの活動の際の生理的反応が記録されている。まず第1欄は**脈拍・呼吸指数**を示していて、安静状態でのその関係はほぼ4対1となる。その上の欄は、心拍数を示している。さらにその上にある「活発化」と表示された欄は、均衡ラインを示す直線(オリジナルのデータでは赤色で表示)に沿って生理的状態を示していて、**身体的な動きやストレスの状態**の時には特有の現れ方となる。反対に均衡ラインの下に向かって、オリジナル画像では青色で表示した部分は、**生理的安静プロセス**の状態にあることを示している。

＊訳注
　1956年生まれのオーストリアの医学研究者。現在はグラーツ医科大学教授を務め、時間生物学(生物リズム)研究の第一人者として国際的に活躍している。モーザーが共著者となった時間生物学に関する著書(1998年)が、『時間生物学と時間医学：生物リズム医学への応用』(入間カイ訳、東京コア)として邦訳されている。

98

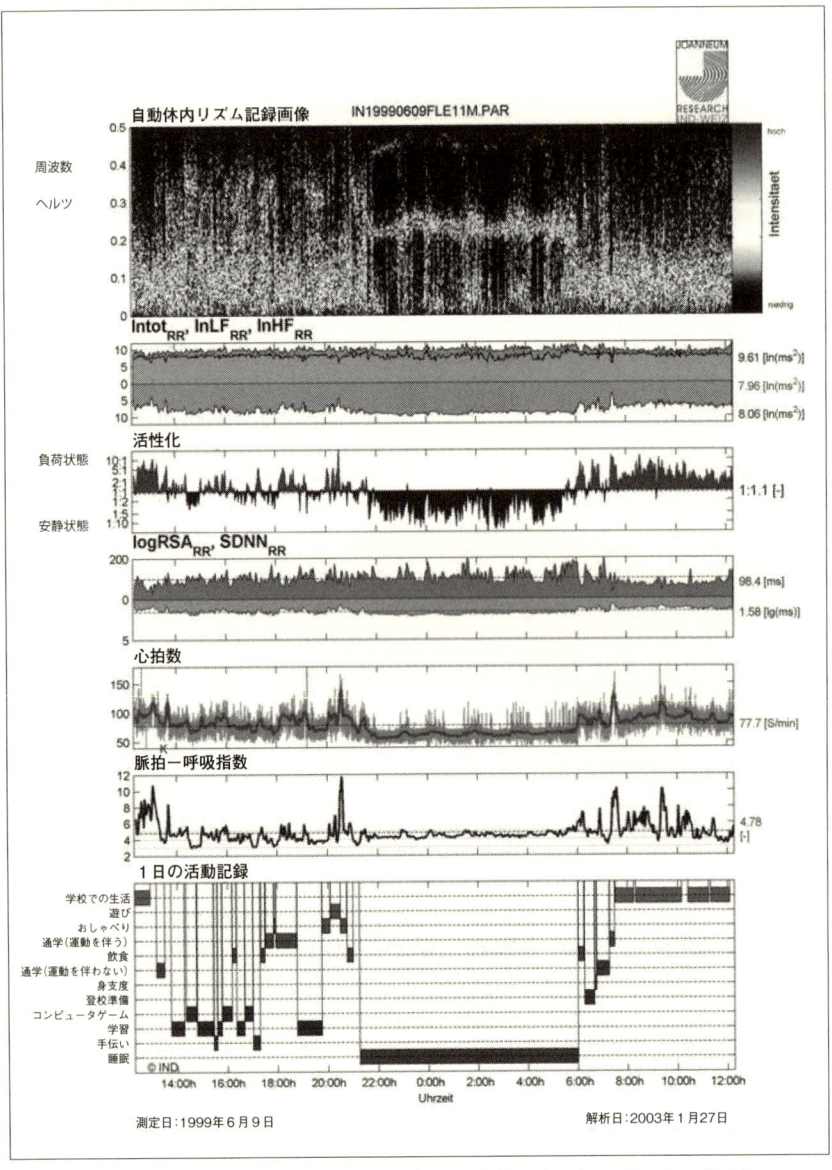

図表19:自律神経の諸機能の24時間自動測定結果(11歳の子どもの場合)

終章　今後の展望　99

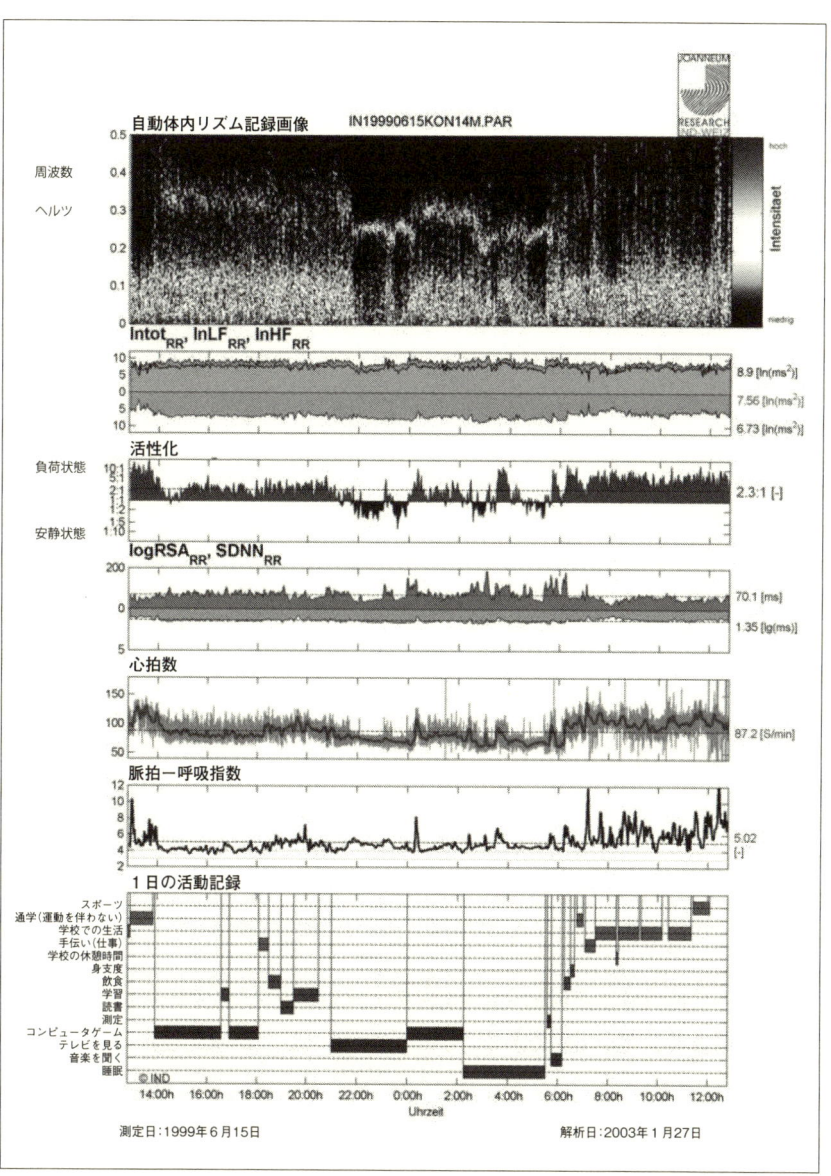

図表20：自律神経の諸機能の24時間自動測定結果（15歳の子どもの場合）

図表19から明らかなように、21時30分頃から朝の6時までの睡眠中は、心拍数は約70回と、典型的な「健康」状態を示している。起床時刻が近くなるにつれて、心拍数はリズミカルに僅かな上昇を記録している。この起床前の時間帯では、より浅い眠りで、夢を見ることが多い睡眠、つまりレム睡眠の段階が重要となる。脈拍・呼吸回数は僅かな変動しかなく、ほぼ4対1の生理的安静状態を示している。活性化パラメーターも、明らかに均衡ラインの下側で安定しており、休息状態にあることを示している。これに対して、**図表20**は、ある15歳の生徒のデータを示している。この生徒は数時間にわたって繰り返し、しかも夜中の2時頃までコンピュータゲームで遊んでいた。コンピュータゲームは、明らかに、生理的ストレス反応を伴い、しかもその反応は睡眠中にまで継続している。すなわち、脈拍・呼吸回数と心拍数が著しい乱れを示し、安静状態は実験時間全体を通して現れていない。つまり、睡眠中でも身体が強く刺激された状態にあることになる。こうしたストレス状態が長時間にわたって身体に及ぼされると、必然的に病気の兆候が現れる。生理的諸器官がリズムを取り戻し、調整されることができないからである。

　以上のことを踏まえて、ある一定の芸術教育が健康促進の作用を及ぼすことや、反対にリズムを乱してしまう作用をもたらすことを詳細に調査すれば、興味深い展望が開かれることだろう。こうした観点からの最初のいくつかの研究成果は、既に発表されている。もっともそれは、社会人（例えば、ストレス過剰の状態にある教員）へのリハビリ治療の一環として実施された研究である。この事例では、芸術的技能の習得を通して、身体プロセスが調整され、身体に内在する潜在能力が回復されるという転移効果が現れた。芸術的技能は、身体プロセスを調整する前に、**既に生理的機能の中で休養と安らぎを促進している**のであるが、この生理的機能における休養と安らぎは、情緒や認知の能力の育成にとっても根本的に重要である。モーザーらは、人間の生理的機能のリズムを正常化し、健康を維持する身体機能プロセスのことを、音楽的プロセスと名づけた。さらに、彼らは、人間の身体をその本質に従って

「音楽的器官」と名づけ、人間の身体に合うように調整された芸術セラピーを「音楽的医療」と呼んでいる[8]。

　このモーザーらの研究や前述の音楽に関する神経生理学の研究と並んで、もう一つ重要な研究成果はイタリアの精神生理学者ヴェツィオ・ルッジェリ（ローマのサピエンツァ大学教授）の研究である。ルッジェリは、芸術体験が生理学的にどのような現れ方をするかを調査研究している。しかし、残念ながら、この重要で革新的な研究成果は、まだドイツ語には翻訳されていない[9]。いずれにしても、以上のような時間生物学や神経生理学の研究は、芸術的手段の**種類や特質、並びにそれらを個々人に合うように調整すること**が、どれほど重要であるかを明らかにしてくれる。

● **シラーの美的人間教育論からの示唆**

　こうした論点については、ごく素朴な形ではあるが、既にシラーの『人間の美的教育に関する書簡』（1795年）の中で指摘されている。シラーは、私たちの感情を強く刺激する「溶解的な」芸術と、激しい感情よりは精神の活発さへと私たちを移行させる「緊張する」芸術とを区分する[10]。人間は自らの内部で、精神的な形象能力と感覚的な体験能力という、2つの側面を調和的に結合させながら教育すべきであり、知的側面に偏った緊張的な人間には「溶解的な」芸術が役立ち、反対に情緒的な感情飽和状態や感傷主義へと陥る危険性は、「緊張する」音楽によって対抗できると言う。

　例えば、知的に緊張した「頭人間」の場合は、ある特定のメロディーを聴くと、一種の悲哀を感じ、「熱中した」状態となり、「情緒的な感情を抱く」ようにすることよって、知的な形式へと向う傾向を補完する対抗世界が実現される。こうして実現した補完的な対抗世界は、知的に緊張した「頭人間」に、理想的な安定した人間の状態を感じとらせる。反対に、緊張させる音楽作品は、感覚的な影響を受けやすく情緒的に興奮しやい、思考力が乏しくなった人間を、緊張させ、活動的にさせる。このことは、アントン・ヴェーベ

ルン*のような現代クラシック音楽を聴く時に、多くの人に典型的に起こる現象である。

　何故なら、こうした現代音楽は、聴きながら一緒に考え、最大限に注意を集中させて音楽の流れを追いかけなければ、理解することができないからである。こうした緊張を強いる芸術は、既に興奮しやすく、緊張した、もしかして粗野な資質を、この一方的な措置によって補完的に刺激することができ、その人の感受性や感性の弱さの状態を緩和することができる。これに対して、溶解的で緊張緩和的な芸術は、柔和さと感情的豊かさを既に保持している人間の心的傾向を、軟弱さと感傷主義へと高めてしまうこともできるし、平静さを無関心へと、そして自由を放縦へと転換することもできる。従って、溶解的で緊張緩和的な芸術は、狙いを定めて活用される必要がある。例えば、自分の感情に一方的に支配された、疲れきった人間には、溶解的な美しさは、返って危険な作用を及ぼすかも知れない。こうした人間の場合は、内面的均衡を見出すためには、精神的に緊張させる音楽による刺激が必要となる。同様に、精神的に緊張した性格の人間の場合には、一面的な合理主義に陥らないために、緊張をほぐす芸術が有益であろう。シラーがその著書の第18書簡において述べていることで、しばしば引用されることもある主張、すなわち感覚的な人間は美によって形式と思索へと導かれ、反対に精神的人間は美によって素材へと戻され、感覚世界に戻されるという主張は、第17書簡の中では、以下のように、より特徴的な表現でまとめられている。

　「感性によって一方的に支配された人間、すなわち感性的に緊張した人間は、形式によって解放され、自由になるのであり、法則によって一方的に支配された人間、すなわち精神的に緊張した人間は、質料によって解放

＊訳注
　ヴェーベルン(1883-1945年)は、シェーンベルク、ベルクとともに12音技法を開発したオーストリアの作曲家、指揮者、音楽学者。代表作として「交響曲 作品21」(1928年)、「ピアノのための変奏曲 作品27」(1936年)などがあり、どちらも12音技法に基づく論理的で緻密な構成の作品となっている。

され、自由になるのです。」

(シラー『美学芸術論集』(石川達二訳、冨山房)、161頁による)

　この文章に示されているように、**質的で芸術的であると同時に、教育的で個別人間的なものとして芸術教育を価値づけた**シラーの思想は、多くの転移効果研究に見られる一つの問題点を示唆している。それは、キーボード練習から合唱、ブレークダンス、グラフィック・デザイン、ソナタ演奏に至るまでのあらゆる活動が、十把一絡げにして「芸術教育」に数えられてしまっているという問題である。つまり、転移効果研究の中には、予め提示されたイメージをコンピュータ画像として構成するという、およそ想像力を必要としない活動を、ベートーベンの弦楽四重奏曲第132番の演奏に積極的に参加することと同列に扱ったり、パステル絵具で風景を自由に描くことを、予め示された動物の輪郭の模写や完成させる活動と同様に扱っているケースが見られる。これらはまったく異なる活動であり、それぞれ極めて異なる能力を覚醒させたり、訓練したり、特には妨害ないし縮減させてしまう可能性がある。この点でも、これまでの転移効果研究は再検討が必要となるだろう。

●芸術を包摂した学習環境

　大変奇妙なことであるが、これまでの転移効果研究では、ある特定の教科の中に芸術的要素を組み込む実践や、学校生活全体を芸術によって特徴づけるような教育実践が論じられることは稀であった。国語の授業の中で演劇の脚本を執筆したり、詩を解釈したり、詩情豊かなテキストを文学的、美的に分析するような活動は、従来の転移効果研究では分析対象とはならなかった。しかし、将来的には、こうした芸術の教育実践的側面を転移効果研究の視野に組み込む可能性は十分にある。というのも、学校や就学前の教育施設のあらゆる「学習環境」に芸術を包摂することが、近年の世界的傾向となりつつあるからである。ここ数年来、英語使用諸国では、こうした芸術の側面を含め

た総合的な意味での「教育的環境」が論議の対象とされている。こうした教育論議の根底には、あらゆる授業と学習環境(校舎、装飾、教具、祝祭文化、環境整備など)を、芸術的な視点も考慮しつつ構築しようという根本思想がある。ただ残念なことに、教育カリキュラムの国家基準(ナショナル・スタンダード)の策定やテストによって測定可能な「学習成果」を最優先する政策動向の台頭で、こうした1980年代には集中的に議論されていた芸術を包摂した学習環境の考え方は、人々の意識から遠のいてしまった。1980年代の議論では、しばしば芸術と社会的コミュニケーションの観点から、例えば**演出、対話、そして芸術的教授法**といったことが論じられた。特に芸術的教授法(Lehrkunst)＊という概念は、学校を育て、耕していくことへの希望を呼び起こすものだった。ここで「芸術的教授法」とは、生き生きとした、演劇的で芸術的な教育方法、物事の根本にまで遡って対話を重視した、沢山の例示活動を重視する教育方法を意味している。そこでは、教育の営みは予測不能で、計画できないものであることが意識的に考慮されていた[11]。芸術を包摂した総合的な「学習環境」という近年の議論は、忘れられていた1980年代の議論の遺産が再び脚光を浴びてきた状況を示しており、教授技法をより厳密に論拠づける必要性がたびたび主張されている。

　今日の「学習風景」の多様な領域の中に芸術的要素を組み込むことは可能だろう。例えば、校舎建築として[12]、植物の授業の中で[13]、幾何学の形態的美しさの感情の覚醒としても[14]、さらには歴史の授業に芸術を組み込むことでも、様々な可能性がある。芸術的要素を組み込んだ歴史の授業は、無味乾燥

＊訳注
　Lehrkunstは直訳すれば教授法となるが、本文中でも説明されているような、この言葉で実践しようとしている内実を踏まえて、芸術的教授法と訳した。教授法を意味するドイツ語は、Didaktikが一般的であるが、Lehrkunstの後半部分のKunst(英語ではart)には、技術や技法に加えて、芸術の意味があることから、Didaktikではなく「芸術」の要素を強く意識して、Lehrkunstが選択されたものと推測される。芸術的教授法(Lehrkunst)の考え方を主導したのは、マールブルク大学のベルク(Hans Christoph Berk)、クラフキ(Wolfgang Klafki)、シュルツェ(Theodor Schulze)の3人の教育学者である。

な言葉で書かれた教科書以上に、ある時代とその特質を「説明してくれる」に違いない[15]。

このように、音楽教育や芸術教育をプロジェクト形式で各教科の学習に包摂することが、近年再び活発に議論されている。今では、地理、英語、宗教、哲学、造形および音楽といった教科を横断するプロジェクト形式の授業が、いわゆる教育方法上の「ネットワーク」方式として多くの学校で試行されている。従来のように教科と教科が関連性がなく、ただ並列しているだけの教育状況は、現実を断片的な知識としてしか認識できず、現実を構築したり、現実との関わりを認識することすらできない人間を形成してしまう、との議論もある[16]。反対に、芸術的要素を授業内容に組み込む授業方式は、生徒の意識の中で芸術を内容の薄いものにしてしまい、結果として芸術に関する能力を育成できないことへの懸念も提起されている。芸術を、言葉による説明が中心の授業の単なる興奮剤に格下げしてしまう、という危険性すら指摘されている。もっとも、このような議論は、将来の学校づくりの課題として確認するに止め、本書ではこれ以上検討すべきではないだろう。

●学習環境の芸術化の事例

いずれにせよ、芸術的側面を重視した学校文化は、学校を評価するための新しい方法を必要とすることになるだろう。この場合の評価方法は、もはや芸術の**個別の種類**ごとの転移効果ではなく、学校文化の芸術的な環境全体を考慮に入れたものでなければならない。学習環境を少なくとも部分的に芸術化する試みは、世界的に多くの学校や就学前教育施設でも行われている。特にオーストリア、ドイツおよびスイスでは、「音楽によるクラスづくり」を推進する学校が、現在約500校を数えている。これらの学校では、第5学年と第6学年で、このプログラムに参加する全ての生徒が楽器の演奏を学習し、一緒に合奏する機会が与えられている。また、2005年にベルリンで「音楽幼稚園」を開設して成功を収めた指揮者のダニエル・バレンボイムの活動、芸

術教育に重点を置く学校、音楽に比重を置く小学校、音楽教育に多くの時間を配当する中等学校(ギムナジウム)、劇場に付設された青少年オーケストラ、そして音楽重視の中等学校(基幹学校)の事例もある。関連して、多くの学校で実践されている優れたプロジェクトもある。例えば、先頃、ドイツのある学校では、「魔笛第二部」が稽古を重ねて上演された。そこでは、モーツァルトが作曲したオペラ「魔笛」の続編として、ゲーテが書いたと言われる断章が1つの作品としてまとめ上げられ、それに生徒が曲を付けることによって、オペラとして上演された。この「魔笛」プロジェクトは、挫折の連続ではあったが、最終的には極めて大きな成功を収めた。また、第1章で言及したドキュメンタリー映画『ベルリンフィルと子どもたち』で知られるダンス振付師のロイストン・マルドゥームは、ハンブルクの学校において、ダンス・プロジェクトを通して、生徒の注意力と集中力、そして静かにする能力を訓練する活動を行っている。

　一方、オーストリアでは、「芸術と教育による新たな刺激研究所」の後援により、演劇プロジェクトが組織されている。ドイツでも、ヘッセン州文部省がベルテスマン財団の資金援助を受けて、2005年から州内の小学校93校において、「音楽を重視した小学校」という学校プロジェクトを開始した。この音楽プロジェクトでは、あらゆる教科の授業の中に音楽の要素が取り入れられ、音楽は学習と学校生活全体の構成要素となっている。このプロジェクトでは、教師たちは全て「音楽コーディネーター」としての訓練を受けている。さらに、ドイツのドラッグストア・チェーンである**ディーエム・マルクト**は、就学前教育施設における歌の復権のために、「歌う幼稚園」プロジェクトを立ち上げた。またいくつかの教育研究所では、学校教育と学校外教育における「**演劇リテラシー**」習得のためのプログラムが考案されている[17]。美術館のギャラリーでは、子どもたちが絵画やパステル画の制作に取り組んでいる。美術館の学芸員から指導を受けた子どもたちが、美術館を訪れた人たちを案内する試みも実施されている。バイロイトでは、小学校の生徒用に特別に編曲された楽劇「彷徨えるオランダ人」が上演されたが、それに先だって国立管

弦楽団員が、小学校に出向いて、生徒たちに楽器や上演内容について説明している。あるオペラ劇場では、「響きの世界：聴くための画像 ── 見るための響き」というタイトルで、衣装や舞台装置、曲に至るまで生徒たち自身が作り上げたパフォーマンスが上演された。ある少年刑務所では「文学作業場」が設けられ、そこでは入所している少年たちの人生経験や問題状況、そして希望を文学的に表現する訓練が行われている。

このように、ドイツ語使用諸国における芸術的な「学習風景」は、実に内容豊かなものとなっており、数多くの芸術教育のモデルが提供されている。しかし、こうした芸術教育の実践に関する総括的な検証は、現在のところ存在しない。

●芸術重視の学校教育の適切な評価

それにしても、以上のような芸術重視の学校や就学前教育施設、学校外施設の中で、**本格的に評価された組織を私は寡聞にして知らない**[18]。確かに、音楽重視の幼稚園では破壊行為や攻撃的態度が減退したこと、演劇プロジェクトを通して創造性と社会性が向上したこと、ダンスプロジェクトによって注意力が訓練されたこと、といった芸術活動の報告がまったくない訳ではない。演劇プロジェクトに参加している人であれば誰でも、こうした活動の実践報告を後でまとめることは十分にできることだろう。しかしながら、これらの実践報告は、それを芸術教育の根拠づけのために用いるためには、言葉の真の意味での学問的観点から見ると常に疑わしいものが多い。心理学的診断や社会心理学の社会認知研究の知見によれば、私たちは、自らの思いや先入観、不安あるいは観念を、現実の関係へと反映させてしまう傾向が強く見られる。十分な訓練を積んだと思われる心理専門職ですら、いわゆる「ミラー効果」が確認されることが証明されている。「ミラー効果」とは、例えば、金銭的な不安を抱える心理学者の場合は、患者の言動にもこうした不安を知覚してしまう傾向が顕著に見られることを指す[19]。こうした可能性を認識

することは、専門的で中立的な部外者や標準化された検査によって、陥りやすい主観的判断から解放される努力、学校教育の評価プロセスを客観的に遂行する努力が促されることになるだろう。

　芸術教育の分野においても、プロジェクトによっては、既にこうした方向性を志向しているものもある。その事例として、ヤコブ財団の研究助成を受けて実施されたラビコ・プロジェクト（正式には、第4〜6学年の造形科における芸術体験と関連づけた空間的・視角的能力プロジェクト）がある[20]。このドイツとオーストリア共同による教育プロジェクト（2010年に終了予定）は、**芸術教育**を通して、ユークリッド幾何空間モデルを乗り越えた、新たな空間的・視覚的能力の開発を目的としていた。もう1つの事例は、ペルレ・プロジェクト（正式には「ザクセン州の小学校における人的開発と学習開発」）である。このプロジェクトも2010年に終了予定となっていて、ドイツ連邦教育研究省と連携協力して実施されている。このプロジェクトでは、特に芸術教育を通した創造的能力への転移効果が検証されている[21]。

　芸術活動に重点を据えた学校の評価は、現在のところドイツ語使用諸国ではまだ貧弱な状態にある。1つの例外事例として、ヴィースバーデンにあるヘレーネ・ランゲ総合制学校を挙げることができる。この学校は、国際学力テストであるTIMSS調査＊およびPISA調査で、ドイツの中で極めて良い結果を出した。その要因として、当時の学校長のエンヤ・リーゲルは、この学校において集中的に実施されている演劇活動の存在を指摘した[22]。リーゲ

＊訳注
　TIMMSは、国際教育到達度評価学会（IEA）が実施している、小学生と中学生を対象とした国際学力調査で、1995年以降は数学と理科に関する国際学力調査として、4年に一回の頻度で実施されている。TIMMSは主として基礎的な知識・理解の程度を測定するものである点で、同じく国際学力調査でも、知識の活用能力（課題解決能力）の測定を主眼とするPISA調査とは異なる。なお、2000年実施のPISA調査で、ドイツは調査参加国の平均以下という悪い成績となり、いわゆる「PISAショック」を引き起こした。この結果、教育の地方分権を原則としてきたドイツでも2003年以降、学習到達度に関する全ドイツ的基準（教育スタンダード）が順次設定されていった。

ル校長が著した『学校は成功することができる』には、「演劇活動をより多く行っている生徒は、数学の成績が良くなる」と題する章も設けられている[23]。但し、この学校では、多くの教育方法上の改革(例えば、エポック方式の授業、生徒が参加した授業計画づくり、想像的な学習、真剣な環境の中での学習、学校生活の厳粛さなど)も実施されているため、これらの教育的取組がどのような教育効果を発揮しているかを見分けることは困難である。しかしそれでも注目すべきことは、リーゲル校長がその著書の中で、水準の高い演劇活動の取組と関連づけて、十分に説得力のあるエピソードを記述していることである。そこには、第3章で検討したラーソンとブラウンによる研究成果と同様に、演劇活動の中での様々な出来事や生徒の発言として、沈着冷静さの高まりや自己信頼感の深まり、その他の肯定的な資質が生徒に現れたことが記録されている。学校での芸術活動の観察に基づく主観的な実践報告を学術的研究の成果と比較することは、実践報告の信頼性を高めることに寄与する。

しかし、このヘレーネ・ランゲ総合制学校に関して、芸術活動が良い学業成績をもたらしたとする早急な結論づけには、すぐさま疑念が提起された。この学校の生徒は、平均以上に高学歴志向の家庭の出身者であることは明らかであり、こうした家庭の場合、学習の動機づけや学習準備、教育的関心を高めるような外的要因が加わることが多いからである[24]。それでは、TIMSSやPISAといった国際学力調査における比較的良好な結果の要因は、学校での演劇活動の取組よりも、「教育熱心な」家庭環境の方にあると言えるのだろうか。まさに、この問いこそ、方法論的に条件を満たした転移効果研究が必要とされる問いなのである。当時のドイツにおけるPISA調査研究の責任機関であったマックス・プランク教育研究所(ベルリン)は、2002年11月13日付の新聞報道のコメントの形で、ヘレーネ・ランゲ総合制学校に対して「夢のように素晴らしいPISAの好成績」という早急な結論づけを行うことに、明確な警鐘を投げかけた。このコメントは、比較的小規模な無作為抽出調査(第9学年の31人を対象とする)だけを根拠に、結論づけることはできないとするものだった[25]。本来は、このコメントが出た後、もっと迅速に

確かな実証的な調査研究がなされるべきだったと思われる。ただ、このような小規模で不十分な調査の結果であっても、「芸術」を優遇して、「自然科学」の年間予算を削減した学校（ヘレーネ・ランゲ総合制学校）でも、必ずしも学業成績の低下という結果を導く訳ではないことだけは明らかにしてくれた。

　ヘレーネ・ランゲ総合制学校をめぐる議論を通じて明確になったことは、芸術活動を重視した学校や就学前教育施設の試みを、今後より適切に評価することが極めて重要である、ということである[26]。その際の課題は、芸術重視の学校の中で複雑に関係している多様な要因を、方法論的に識別することの困難さにある。例えば、マンハイム（ドイツ）にあるシュタイナー学校（ヴァルドルフ学校）は、確かに高く評価された多文化共生教育を実践し、とりわけ芸術や工芸を重視した教育によって特徴づけられている。同時にこの学校は、芸術教育以外にも、様々な教育方法上の革新的取組でも知られていて、こうした革新的取組が、移民の生徒のドイツ語習得における驚くべき成果を説明する根拠として考えることもできるからである[27]。

　いわゆるPISA型学力優先の中で芸術教科が危機に瀕している現状にあっては、芸術重視のプロジェクトやプログラムの成果報告は、確かにそれらが事実を述べているものであったとして、もはやそれだけは十分な説得力を持つものとはならない。学校における芸術活動の意味を適切に評価する手続き、つまり本書で述べてきたような、個々人の人生経路に果たす芸術体験の役割の根拠や転移効果研究の成果、構造分析の成果、そして美的理論まで含めた総合的な学校評価の手続きが、今後は必要となるだろう。こうした総合的な観点から芸術教育を評価するための議論が展開されることによって、芸術教育ははじめて、「科学」と同等のパートナーとして、同時にまた科学に不可欠な予備的学習としても、重要な位置づけを与えられるものと確信している。

■原注

はしがき

1　本研究を進めるにあたり、オーストリア・ニーダーエスターライヒ州にある「芸術と教育を通した新たな影響力研究所」(Institut Neue Impulse durch Kunst und Pädagogik)から支援をいただいた。記して謝意を表したい。特に、スペルキ氏(Elizabeth Spelke)、ラウファー氏(Daniela Laufer)、グレボス氏(Katarzyna Grebosz)には、それぞれの研究成果を本書で掲載する許可をいただいた。心よりお礼を申し上げる。

序章

1　United Nations Educational,Scientific and Cultural Organization(Unesco): The World Conference on Arts Education: Bulding Creative Capacities for the 21st Century, Lisbon, 6 to 9 March 2006. Vgl. Unesco(Hrsg.): The World Conference on Arts Education. Report by Lupwishi Mbuyamba vom 9. März 2006. インターネットのアドレスは次の通り。www.unesco.org/culture/lea. さらに次のドイツ・ユネスコ委員会のオンライン雑誌も参照願いたい。Deutsche UNESCO-Kommission, Ausgabe 3-4, März/April 2006.

2　A.Bamford: The Wow Factor. Global research compendium on the impact of the arts in education. Münster 2006.

3　バンフォードの研究は、ほぼアングロサクソン諸国の専門書の分析に限定されており、またドイツ語使用諸国における芸術教育に関する報告も不十分な内容となっている。このことに関しては、次の報告と辞書の記事も参照のこと。
Annete Franke: Aktuelle Konzeption der Ästhetischen Erziehung. München 2007; Michael Parmentiers Lexikonartikel "Ästhetische Bildung", In: D. Benner/J. Oelkers (Hrsg.): Historisches Wörterbuch der Pädagogik. Weinheim 2004,11-32.

4　T. und T. Izutsu: Die Theorie des Schönen in Japan. Köln 1988; Y. Imai/Chr. Wulf(Hrsg.):Concepts of Aesthetik Education. Japanese and European Perspectives. Münster 2007; P. Ackermann: Bildung und Schönheit in Japan. In: E. Liebau/J. Zirfas(Hrsg.): Schönheit. Traum - Kunst -Bildung. Bielefeld 2007, 269-286; H. Makabe: Paul Klee und Kindererzeichnung. Synästhesie und >>symbolische Prägnanz<<. In :F. Maeda(Hrsg.): Paul Klee als Seelenforscher. Tokio,Keio Universität 2007, 42-73.

5　但し、芸術教育に関する教育法規上の規定が、実際に行われていることとは、大きく異なることもある。

6　H. Rump: Die andere Aufmerksamkeit -über Ästhetische Erziehung im Zeitalter der Weltbewältigung. In: B. Haselbach/M. Gründer/S. Salmon(Hrsg.): Im Dialog/In Dialogue. Elementare Musik- und Tanzpädagogig im Interdisziplinären Kontext. Mainz u.a. 2007, 45-65. 加えて年4回インターネット上で配信される雑誌"New Horizons of Learning"(www.newhorizons.org)に掲載された論考も参照のこと。例えば、次のディキンソン執筆による芸術教育の擁護論を参照。Dee Dickinson: Learning Through the Arts. New Horizons of Learning 1997(www.newhorizons.org/strategies/arts/dickinson_lrnarts.htm.)

7　芸術教育の効果を測定するための検査の事例としては次を参照。J. Rowold: Instrument Development for Esthetic Perception Assessment. In: Journal of Media Psychology 20(2008), 35-40. なお、この事例の検査テキストはドイツ語で執筆されたものである。

8　例えば、サンドラ・ロックリアは、「シアトル市では、芸術科目の行政責任者のポストが廃止された後で、市内の学校の芸術科目は急速に削減された。」と報告している。次を参照のこと。S.Locklear: Research-based justification for the Highline School District: Elementary and Secondary School Music Programs. In: New Horizons for Learning, Update 2008: www.newhorizons.org/strategies/arts/licklear.htm. 同様の指摘は数多くのインターネットサイトで(とりわけ、ジョージ・ブッシュ大統領の「1人も落ちこぼれを出さない」という教育プログラムへの批判との関連で)確認できる。ブッシュ大統領の教育プログラムでは、確かに学校の芸術科目は必要とされてはいるが、明らかにテストで測定可能な教科が優先的に扱われている。それ以前のクリントン大統領の時期の1994年に成立した「アメリカ教育法」は、芸術科目を、まだテストで測定することができるスタンダードからは明確に除外して考えていた。次を参照。D. Nissen: Defend the Arts! Washington 1995. アメリカにおける芸術教育の縮小については次も参照のこと。C. v. Zastrow/H. Janc: Academic Atrophy: The Condition of the Liberal Arts in America's Schools. Washington: Council for Basic Education 2004. フィンランドにおける教育政策論議に関しては次を参照。G. Schümer: Chancengleichheit im Bildungswesen - Das Beispiel Finnland. In: Die Deutsche Schule 101(2009), 47-59.

9　AEPによる刊行物「批判的根拠」(Critical Evidence)を参照のこと。www.aep-arts.org.

10　Neue Musikzeitung 6 (1993), 8. この引用は次の文献からのものである。H. G. Bastian: Musik(erziehung)und ihre Wirkung. Mainz 2000, 59.

11　A. Stimpfig: Die Verwaltung des dramatischen Spiels in pädagogischen und therapeutischen Anwendungsfeldern. Dissertation an der Universität Erlangen-Nürnberg 2006. 加えて次も参照のこと。H. Schoenemakers/A. Studt: Theater in der Schule. In: E. Liebau/J. Zirfas(Hrsg.): Schönheit. Traum -Kunst -Bildung. Bielefeld 2007, 35-60; A.Bacher: Pädagogische Potentiale der Musik. Historisch-systematische und empirische Positionen. Frankfurt a. M. 2009.

12　K. Plake(Hrsg.): Sinnlichkeit und Ästhetik. Soziale Muster der Wahrnehmung. Wü-

原注 113

rzburg 1992.
13 多様な局面を有する「転移」という概念の批判的議論としては次を参照。H.G.Bastian: Musik(erziehung)und ihre Wirkung. Mainz 2000. バスティアンは、音楽理論と音楽教育の歴史から「転移」に関する多くの主張（この主張が音楽教育の意義の基礎づけとされている）を引用している（同書、52頁以下）。転移概念に関しては次も参照のこと。L.Jäncke: Macht Musik schlau ? Neue Erkenntnisse aus der Neurowissenschaft und der kognitiven Psychologie. Bern/Stuttgart 2008.
14 「美的教養」(Ästhetische Bildung)、「美的教育」(Ästhetische Erziehung)、「芸術教育」(kunsterziehung)、「芸術の授業」(Künstlerische Unterricht)、これらの言葉は本来的には異なる意味を内包する概念であるが、本書では同じ意味として使用されている。但し、「美的教養」は、極めて広義に解釈された概念であり、組織化された教育活動の外部での経験や教育プロセスまでも含めたものである。こうした芸術教育に関連した概念の相違については次を参照。S. Bender: Kunst im Kern von Schulkultur. Eine fallrekonsruktive Studie zu den Möglichkeit und Grenzen ästhetischer Erfahrung und ästhetischer Bildung an einer kunstorientierten Regelgrundschule. Dissertation: Universität Hildesheim 2008; Wiesbaden 2009.
15 D. Dickinson: Learning Through the Arts. In: New Horizons of Learning 1997, www.newhorizons.org/strategies/arts/dickinson_Irnart.htm.
16 芸術教育の道具主義的議論への批判として、さらに次の啓発的論考も参照のこと。Michael Parmentier: Ästhetische Bildung. In: D. Bener/J. Oelkers(Hrsg.): Historisches Wörterbuch der Pädagogik. Weinheim 2004, 11-32.
17 例えば次を参照のこと。W. Schuster: Psychologie der bildenden Kunst. Eine Einführung. Heidelberg 1989; W. Schurian(Hrsg.): Kunstpsychologie heute. Göttingen 1993; H. Bruhn/R. Kopiez/A. C. Lehmann(Hrsg.): Musikpsychologie. Das neue Handbuch. Reinbek 2009.

第1章

1 E. Winner/L.Hetland(Hrsg.): The arts and academic achievement: What the evidence shows. Journal of Aesthetic Education 34(2000).
2 R. J. Deasy(Hrsg.): Critical Links: Learning in the Arts and Student Academic and Social Development. Wasington 2002. この本はインターネット上で閲覧可能となっており、Arts Education Partnership の次のインターネットサイトからダウンロードできる。www.aep-arts.org.
3 U. Nuber: Wer singt, der prügelt nicht. In: Psychologie Heute, Juni 1999, 42-47.
4 H. G. Bastian: Musik(erziehung)und ihre Wirkung. Mainz 2001, 52ff. なお、この著書とそれへの批判的主張については、本書第2章で改めて論じることになる。
5 Bundesministerium für Bildung und Forschung(Deutschland)(Hrsg.): Macht Mozart schlau? Die Förderung kongnitiver Kompetenzen durch Musik. Berlin 2006.

6 L. Jäncke: Macht Musik schlau? Neue Erkenntnisse aus der Neurowissenschaft und der kognitiven Psychologie. Bern/Stuttgart 2008.
7 頻繁にテレビを見たり、コンピュータゲームを行うことが、学業成績低下とどのような関係があるかについては、次を参照のこと。Chr. Rittelmeyer: Kindheit in Bedrängnis. Zwischen Kulturindustrie und technokratischer Bildungsreform. Stuttgart 2007.
8 K transfer, Zeitschrift für Kulturvermittlung, Frühjahr/Sommer 2007, 3.
9 C. Asbury/B. Rich(Hrsg.): The Dana Consortium Report on Arts and Cognition: Learning, Arts, and the Brain. New York/Washington 2008. ダナ基金は、特に脳科学、免疫学および教育学に関連した研究促進を目的とする民間団体である。次のインターネットサイトも参照のこと。www.dana.org.
10 IAEAは専門雑誌として、Empirical Studies of the Arts誌を編集している。
11 インターネット上の研究報告として、次のサイトを参照のこと。www.braintuning.fi およびwww.aroseis.de.IAEAの会議に関する報告については、インターネット雑誌であるFlash Newsを参照のこと。但し、このインターネット雑誌の記事は、芸術体験の転移効果を主たる対象とするものではない。

第2章

1 F. H. Rauscher/G. L. Shaw/K. N. Ky: Music and spatial task performance. In: Nature 365(1993), 611; F. H. Rauscher/G. L. Shaw/K. N. Ky: Listening to Mozart enhances spatial-temporal reasoning. In: Neuroscience Letters 185(1995), 44-47. C. Cutietta/D. Hamann/L. Walker: Spin-Offs: The Extra-Musical Advantages of a Musical Education. United Musical Instruments USA 1995.
2 こうした過剰解釈の事例として次を参照のこと。Don Campbell: The Mozart effect for children. Awakening your child's mind, health an creativity with music. London 2002; Don Campbell: Die Heilkraft der Musik. München 2000.
3 K. M. Nantais/E. G. Schellenberg: The Mozart effect: An artifact of preference. In: Psychological Science 10(1999), 370-373.
4 次の論文の中に記載された報告を参照のこと。F. H. Rauscher/G. L. Shaw: Key components of the Mozart effect. In: Perceptual and Motor Skills 86(1998), 835-841.
5 Bundesministerium für Bildung und Forschung(Deutschland)(Hrsg.): Macht Mozart schlau? Die Förderung kongnitiver Kompetenzen durch Musik. Berlin 2006, 149.
6 K. M. Douglas/D. Bilkey: Amusia is associated with deficits in special processing. In: Nature Neuroscience 10(2007), 915-921.
7 多くの調査研究では、被験者に折り紙を折ってもらう方法で空間認知能力が検査され、現実の3次元の折り紙を手作りするという課題が与えられた。また別の調査研究では、紙に鉛筆で回答するという伝統的な検査(例えば、それぞれ別の形で描かれた4つの立法体のどれが原型の立法体と同じかを選んで、マークさせる課題)

が使用された。次を参照のこと。B. J. Newman u.a.: An experimental test of >>Mozart effect<<: Does listening to music improve spatial ability? In: Perceptual and Motor Skills 81(1995), 1379-1387. この研究では、休息による緊張緩和、緊張緩和の音楽、それとモーツァルトの音楽のいずれも、空間認知能力に対しては同一の作用を及ぼしたとされている。

8 自らの研究への批判に対するバスティアンの反論の弁。次のインターネットサイトを参照のこと。www.musik-redaktion.de/HGBastian-relik.pdf。

9 H. Gardner: Frames of Mind. New York 1983; ders.: Abschid vom IQ: Die Rahmen-Theorie der vielfachen Intelligenzen. Stuttgart 2005(第4刷); ders.: Intelligenzen: Die Vielfalt des menschlichen Geistes. Stuttgart 2008(第3刷). 専門文献においては、同様に従来の知能検査では把握されなかった情緒的知性(ダニエル・ゴーレマンの概念)にもしばしば言及されている。Daniel Golemann: Emotionale Intelligenz. München 2008. 但し、ガードナーの知性理論は議論の余地なしという訳ではない。この点については次の文献を参照のこと。D. H. Rost: Multiple Intelligenzen, mutiple Irritationen. In: Zeitschrift für Pädagogische Psychologie 22(2008), 97-112. H. -O. Kim/S. Hoppe-Graf: Multiple Intelligenzen, multiple Perspektiven. In: Zeitschrift für Pädagogische Psychologie 23(2009), 65-74.

10 E. Altenmüller: Die Einflüsse von Musikerziehung auf das Gehirn. In: K. Gebauer/G. Hütter (Hrsg.): Kinder brauchen Spielräume. Perspektiven einer kreativen Erziehung. Düsseldorf 2003, 76-95.

11 E. Altenmüller: Apollo in uns. Wie das Gehirn Musik verarbeitet. In: N. Elsner/G. Lüer(Hrsg.): Das Gehirn und sein Geist. Göttingen 2000, 87-104. 積極的に音楽活動に従事する場合と、バックグランド音楽を受動的に聞いている場合とでは、異なる作用が見られる。このことについては、次を参照のこと。K. E. Behne: Zu einer Theorie der Wirkungslosigkeit von (hintergrund-) Musik. In: K. E. Behne/G. Kleinen/H. de la Motte-Haber (Hrsg.): Musikpsychologie. Jahrbuch der Deutschen Gesellschaft für Musikpsychologie, Band 14. Göttingen 1998, 6-20.

12 E. Altenmüller: Die Einflüsse von Musikerziehung auf das Gehirn. In: K. Gebauer/G. Hütter(Hrsg.): Kinder brauchen Spielräume. Perspektiven einer kreativen Erziehung. Düsseldorf 2003, 76-95.

13 例えば次を参照のこと。A. Bangert/C. Heath: The Mozart effect: Tracking the evolution of a scientific legend. In: British Journal of Social Psychology 43(2004), 605-623. さらに若干の批判的コメントを含んだ文献として次を参照。L. Waterhouse: Multiple Intelligences, the Mozart Effect, and Emotional Intelligence: A critical review. In: Educational Psychologist 41(2006), 207-225. M.Spychinger: Was bewirkt Musik? In: H. Gembris/R. -D. Kraemer(Hrsg.): Macht Musik wirklich klüger? Augsburg 2001, 9-34.

14 P. Jansen-Osmann: Der Mozart-Effekt - Eine wissenschaftliche Legende? Oder: Der

Einfluss von Musik auf die kognitive Leistungsfähigkeit. In: Musik-, Tanz- und Kunsttherapie 17(2006), 1-10; K. Vaughn: Music and Mathematics. : Modest support of the oft-claimed relationship. In: Journal of Aesthetic Education 34(2000), 149-166; L. Hetland: Listening to music enhances spatil-temporal reasoning: Evidence for the >>Mozart-effect<<. In: Journal of Aesthetic Education 34(2000), 105-148; L. Hetland: Learning to make music enhances spatial reasoning. In: Journal of Aesthetic Education 34(2000), 179-228; E. Fiske(Hrsg.): Champions of change. The impact of the arts on learning. Washington 1999; A. Graziano/M. Peterson/G. Shaw: Enhanced learning of proportional math through music training and spatial-temporal training. In: Neurological Research 21(1999), 139-152.

15 E. G. Schellenberg: Long-term positive associations between music lessons and IQ. In: Journal of Educational Psychology 98(2006), 458-466. この論文には、同じテーマに関する他の研究成果についても多く言及が見られる。このシェレンバーグの研究によれば、音楽教育を受けた期間と学業成績テスト(K-TEA)の(部分的)相関関係は0.23ポイントとなり、この数値は効果係数で表示すれば5%に相当するものであった。その他、因果関係の仮説として、シェレンバーグの論文で指摘されていることは次の通りである。学業成績への音楽教育の効果は、約5%の因果関係があったとされた。因果関係の係数が3～5%という結果から、音楽の経験と学業成績との間にはプラスの相関関係があると評価された。類似の研究として次も参照のこと。A. Norton u. a.: Are there pre-existing neural, cognitive, or motoric markers for musical ability? In: Brain and Cognition 59(2005), 124-134.

16 D. Laufer: Untersuchungen zur Transferwirkung der Musik auf die sprachlichen Leistungen von Menschen mit geistiger Behinderung. Kölner Studien zur Musik in Erziehung und Therapie, Band 2, Köln-Rheinkassel 1995.

17 W. F. Thompson/E. G. Schellenberg/G. Husain: Decoding speech prosody: Do music lessons help? In: Emotion 4(2004), 46-64.

18 「音楽的認知」の概念については、次を参照のこと。R. Oerter/Th. H. Stoffer (Hrsg.): Spezielle Musikpsychologie. Enzyklopädie Psychologie Band D. Ⅶ.2. Göttingen2005, 57ff.

19 K. Holzkamp: Lehren als Lernbehinderung. In: Forum Kritische Psychologie 27 (1991), 15f. こうした人生経路上の体験の意味について、詳しくは次を参照のこと。Chr.Rittelmeyer: Aller innere Sinn ist Sinn für Sinn. In: P. Buck(Hrsg.): Wie gelangt ein Mensch zu Sinn? Stuttgart 2006, 25-45.

20 例えば、学習障害のある子どもへの音楽の効果に関しては次を参照のこと。R. Oerter/Th. H. Stoffer(Hrsg.): Spezielle Musikpsychologie. Enzyklopädie Psychologie Band D. Ⅶ.2. Göttingen 2005, 672ff. 記憶力に対する音楽の影響については次を参照のこと。Th. Stoffer/R. Oerter(Hrsg.): Allgemeine Musikpsychologie. Enzyklopädie Psychologie Band D.Ⅶ. 1, 537ff.

21 J. -L. Patry u. a.: Musik macht Schule. Freiburg (Schweiz): Pädagogisches Institut der Universität 1993; E.Weber/M. Spychiger/J. Patry: Musik macht Schule. Biografie und Ergebnisse eines Schulversuches mit erweitertem Musikunterricht. Essen 1993; M. Spychinger: Was bewirkt Musik? Musikalisches Lernen und Transfereffekte. Augsburg 2001/2006 (第3刷), 9-34.
22 Katarzyna Grebosz: Der Einfluss misikalischer Ausbildung auf die Entwicklung des Psyche von Kindern. Eine empirische Untersuchung an drei unterschiedlichen Grundschulen in Polen. Dissertation an der Universität Salzburg, 2006.
23 同上, 5.
24 同上, 284f.
25 H. G. Bastian: Musik (erzihung) und ihre Wirkung. Eine Langzeitstudie an Berliner Grundschulen. Mainz 2000.
26 ベルリン市での同様の動きも含め、ヘッセン州の学校プロジェクトの詳細については、次のインターネットサイトを参照のこと。www.bertelsmann-stiftung.de/musik. 同様のプログラムは幼稚園の子ども向けにも開発されている（名称はMusik für jedes Kita-Kind）。
27 例えば、次を参照のこと。H. Bruhn: Rezention zu Hans Günter Bastian. In: H. Gembris/R.-D. Kraemer (Hrsg.): Macht Musik wirklich klüger? Augsburg 2001, 149-152; E. Altenmüller: Neuronale Auswirkungen misikalischen Lernens im Kindes- und Jugendalter und Transfereffekte auf Intelligenzleistungen. In: Bundesministerium für Bildung und Forschung (Deutschland) (Hrsg.): Macht Mozart schlau? Bonn 2006, 67. さらに、バスティアンの詳しい反論については次を参照のこと。www.musikredaktion.de/HGBastian-replik.pdf. H. G. Bastian/A. Kormann: Transfer im musikalischen Diskurs. In: H. Gembris/R. -D. kraemer (Hrsg.): Macht Musik wirklich klüger? Augsburg 2001, 35-62.
28 L. Jäncke: Macht Musik schlau? Neue Erkenntnisse aus der Neurowissenschaft und der kognitiven Psychologie. Bern/Stuttgart 2008.
29 E. Altenmüller: Was hört das Auge, was sieht das Ohr? Das multisensorisch vernetzte Gehirn in der Musikpädagogik. In: Institut für Neue Musik und Musikerziehung Darmstadt (Hrsg.): Hören und Sehen -Musik audiovisuell. Mainz 2005, 326-333. 研究者が「神経医学上の脳地図」（そこで反応があった場合にマークを付ける）を記述する際に、音楽の演奏、ダンス、絵画や詩の制作といった行為が、特に脳神経領域のどの部分に刺激を与えるかについて、まだ確定的な結論は出ていない。このことに関する一事例として次を参照のこと。M. Posner u. a.: How Arts Training Influences Cognition. In: C. Asbury/ B. Rich (Hrsg.): The Dana Consortium Report on Arts and Cognition: Learning, Arts, and the Brain. New York/Washington 2008, 1-10. 既にルートが十分にできあがって進行している認知プロセスは、より少ない神経交換活動（断層写真）ないし電位（EEG、脳波）しか示さないため、そうした脳神経

上の活動があることは、別のより強い活動がある場合にはしばしば見落とされてしまう。次も参照のこと。M. I. Posner/M. E. Raichler: Bilder des Geistes. Hirnforscher auf den Spuren des Denkens. Heidelberg 1996.

30 詳しくは次の文献の第4章を参照のこと。Chr. Rittelmeyer: Pädagogische Anthropologie des Leibes. Biologische Voraussetzungen der Erziehung und Bildung. Weinheim 2002.

31 例えば、空間認知を伴う形で音楽を連続的に聴くことは、刺激されている当該の脳神経領域を自然発生的に活性化させることが、多くの研究で指摘されている。このことにつき例えば次を参照のこと。E. Spelke: Effects of Music Instruction on Developing Congnitive Systems at the Foundations of Mathematics and Science. In: C. Asbury/B. Rich(Hrsg.): The Dana Consortium Report on Arts and Cognition: Learning, Arts, and the Brain. New York/Washington 2008, 47; K. M. Douglas/D. B. Bilkey: Amusia is associated with deficits in spatial processing. In: Nature Neuroscience 10(2007), 915-921.「高い」及び「低い」音域の体験内容とその解剖学的所見に関しては次を参照のこと。Horst Gundermann: Phänomen Stimme. München/Basel 1994, 14f; K. Leonhard: Der menschlichen Ausdruck in Mimik, Gestik und Phonetik. Leipzig 1976. 音楽学者のアシュレーは、こうした高い音と低い音の「垂直的な空間的方向づけ」が常に発生するとの見方に異議を唱えている。しかし、この仮説を、別種の名称(例えばアフリカの楽士によるメロディー)によって根拠づけようとするアシュレーの試みは、説得力がないと思われる。次を参照のこと。R. Ashly: Musical pitchspace across modalities: Spatial and other mappings through language and culture. In: Proceedings of the 8th International Conference on Music Perception & Cognition, Evanstone 2004, 1-8.

32 L. Jäncke: Musik als Motor der Plastizität. In: Bundesministerium für Bildung und Forschung (Deutschland)(Hrsg.): Macht Mozart schlau? Die Förderung kongnitiver Kompetenzen durch Musik. Bildungsforschung Band 18, Bonn/Berlin 2007, 78-95.

33 E. Altenmüller: Neuronale Auswirkungen musikalischen Lernens im Kindes und Jugendalter und Transfereffekte auf Intelligenzleistungen. In: Bundesministerium für Bildung und Forschung(Deutschland)(Hrsg.): Macht Mozart schlau? Die Förderung kognitiver Kompetenzen durch Musik. Bildungsforschung Band 18, Bonn/Berlin 2007, 59-70.

34 例えば次を参照のこと。M. Bangert/E. Altenmüller: Mapping perception to action in piano practice. In: BMC Neuroscience 4(2003), 26-36.

35 B. Wandell/R. F. Dougherty/M. Altenmüller/ G. K. Deutsch und J. Tsang: Training in the Arts, Reading, and Brain Imaging. In: C. Asbury/B. Rich(Hrsg.): The Dana Consortium Report on Arts and Cognition: Learning, Arts, and the Brain. New York/Washington 2008, 51-59. このテーマに関連しては次も参照のこと。S. Jentschke/S. Koelsch: Gehirn, Musik, Plastizität und Entwicklung. In: Zeitschrift für Erziehungswis-

senschaft, 5. Beiheft (2006), 51-70.

36 J. Jonides: Musical Skill and Cognition. In: C. Asbury/B. Rich (Hrsg.): The Dana Consortium Report on Arts and Cognition: Learning, Arts, and the Brain. New York/Washington 2008, 11-15.

37 X. Leng/G. L. Shaw: Toward a neural theory of higher brain function using music as a window. In: Comcepts in Neuroscience 2 (1991), 229-258.

38 D. Strait/N. Kraus/E. Skoe/R. Ashley: Musical experience and neural efficiency -effects of training on subcortical processing of vocal expressions of emotion. In: European Journal of Neuroscience 29 (2009), 661-668. 楽器の演奏と音響を通した音楽の「情緒的装飾」に関しては、次の研究が興味深い。R. Timmer/R. Ashley: Emotional Orgamentation in Performances of a Handel Sonata. In: Music Perception 25 (2007), 117-134.

39 ミラー・ニューロン（物まね細胞）に関しては、次を参照のこと。J. Bauer: Warum ich fühle, was du fühlst. Intuitive Kommunikation und das Geheimnis der Spiegelneurone. Hamburg 2006（第9刷）; K. Gaschler: Spiegelneurone. Die Entdeckung des Anderen. In: Gehirn & Geist Heft 10/2006, 26-33; J. Decety/W. Ickes (Hrsg.): The Social Neuroscience of Empathy. Cambridg 2009.

40 E. Altenmüller: Was hört das Auge, was sieht das Ohr? Das multisensorisch vernetzte Gehirn in der Musikpädagogik. In: Institut für Neue Musik und Musikerziehung Darmstadt (Hrsg.): Hören und Sehen -Musik audiovisuell. Mainz 2005, 326-333. 音楽が極めて多様な脳中枢において処理されることは、アルテンミュラーによる多くの研究によって解明されている。例えば次を参照のこと。E. Altenmüller: Musik-Training für Emotion und Kognition: Neue Querverbindungen durch musikalisches Lernen -oder warum es im Gehirn kein festes >>Musikzentrum<< gibt. In: H. Pfusterschmidt-Hardtenstein (Hrsg.): Materie, Geist und Bewusstsein. Wien 2000, 131-137.

41 E. Altenmüller: Apollo in Uns. Wie das Gehirn Musik verarbeitet. In: N. Elsner/G. Lüer (Hrsg.): Das Gehirn und sein Geist. Göttingen 2000, 87-104.

42 「モーツァルト効果」が長期間にわたって作用する理由については、次でも議論されている。E. G. Schellenberg: Long-term positive associations between music lessons and IQ. In: Journal of Educational Psychology 98 (2006), 457-468.

43 I. Carlsson/P. E. Wendt/J. Risberg: On the neurobiology of creativity. Differences in frontal activity between high and low creatice subjects. In: Neuropsychlogia 38 (2000), 873-885.

44 S. Jentschke/S. Koelsch: Gehirn, Musik, Plastizität und Entwicklung. In: Zeitschrift für Erziehungswissenschaft, 5. Beiheft (2006), 51-70.

45 S. Koelsch: Neural substrates of processing syntax and semantics in music. In: Current Opinion in Neurobiology 15 (2005), 1-6.

46 S. Jentschke/S. Koelsch: Musical training modulates the development of syntax processing in children. In: NeuroImage 2010(im Druck), doi:10. 1016/j.neuroimage.2009.04.090.

47 脳神経の強いネットワーク化は、対応する脳神経領域の容量の増加として現れる。このことにつき次を参照のこと。V. Sluming u. a.: Voxelbased morphometry reveals increased gray matter density in Broca's area in male symphony orchestra musicians. In: NeuroImage 17(2002), 1613-1622; D. Sluming u. a. : Broca's area supports enhanced visuspatial cognition in orchestra musicians. In: Journal of Neuroscience 27(2007), 3739-3806. 音楽を通した言語能力の促進に関する詳細は次を参照のこと。L. Jäncke: Macht Musik schlau? Neue Erkenntnisse aus den Neurowissenschaften und der kognitiven Psychlogie. Bern/Stuttgart 2008.

48 P. S. M. Wong u. a. : Musical experience shapes human brainstem encoding of linguistic pitch patterns. In: Nature Neuroscience 10(2007), 420-422.

49 S. Jentschke/S. Koelsch/S. Sallat/A. Friederici: Children with specific language impairment also show impairment of music-syntactic processing. In: Journal of Cognitive Neuroscience 20 (2008), 1940-1951.

50 E. Spelke: Effects of Music Instruction on Developing Cognitive Systems at the Foundationns of Mathematics and Science. In: C. Asbury/B. Rich(Hrsg.): The Dana Consortium Report on Arts and Cognition: Learning, Arts, and the Brain. New York/Washington 2008, 74-70. こうした転移効果は、控えめな練習の場合に生じたが、被験者の子どもとその年齢の実態や子どもの言語能力を考慮して分析した場合には、この効果はなくなった。このことは、調査研究が十分詳細に構想されず、未知の変数(知的能力のような)が調査された変数と混在されてしまう場合には、誤った研究結果となる危険を示す事例である。

51 次を参照のこと。Th. W. Adorno: Einleitung in die Musiksoziologie. Reinbeck 1968.

52 E. Altenmüller: Apollo in uns. Wie das Gehirn Musik verarbeitet. In: N. Elsner/G. Lüer(Hrsg.): Das Gehirn und sein Geist. Göttingen 2000, 87-104; P. Ragert/A. Schmidt/E. Altenmüller/H. Dinse: Impact of long year piano-playing on tactile perceptual performance an plastic adaptive capacities. In: N. Elsner/G. W. Kreutzberg-Roth (Hrsg.): The Neuroscience at the turn of the century. Göttingen Neurobiology Report. Stuttgart 2001, 228.

53 N. Birbaumer/R. F. Schmidt: Biologische Psychologie. Heidelberg 2006(第6刷), 763ff. 複雑な体験とそれに対応した脳神経構造の複雑な関連づけの関係については、次の文献の第4章を参照のこと。Chr. Rittelmeyer: Pädagogische Anthropologie des Leibes. Biologische Voraussetzungen der Erziehung und Bildung. Weinheim 2002.

54 E. Altenmüller: Die Einflüsse von Musikerziehung auf das Gehirn. In: K. Gebauer/G. Hütter (Hrsg.): Kinder brauchen Spielräume. Düsseldorf 2003, 76-95. ders.:

Musikerziehung als >>Brainjogging<<. Zu den Auswirkungen musikalischer Aktivität auf neuronale Netzwerke. In: L. Huber/J. Kahlert(Hrsg.): Hören lernen. Musik und Klang machen Schule. Braunschweig 2003,16-35; ders.: Macht musizieren intelligent? In: H. Bässler(Hrsg.): Brücken. Musikunterricht in einem geeinten Europa. Mainz 2001, 177-182.

55 E. Altenmüller: Musik -Sprache der Gefühle? In: R. Schnell(Hrsg.): Wahrnehmung, Kognition, Ästhetik. Neurobiologie und Medienwissenschaften. Bielefeld 2005, 139-155.

56 詳しくは次を参照のこと。Chr. Rittelmeyer: Der menschliche Körper als Erkenntnisorgan. In: A. Kraus(Hrsg.): Körperlichkeit in der Schule. Aktuelle Körperdiskurse und ihre Empirie. Oberhausen 2009, 19-38.

57 K. Kreutz/S. Bongard/S. Rohrmann/V. Hodapp/D. Grebe: Effects of Choir Singing or Listening on Secretory Immunoglobin A, Cortisol, and Emotional State. In: Journal of Behavioral Medicine 27(2004), 623-635.

58 Th. Biegl: Glücklich singen -singend glücklich? Gesang als Beitrag zum Wohlbefinden. Serotonin, Noradrenalin, Adrenalin, Dopamin und Beta-Endorphin als spychopysiologische Indikatoren. Diplomarbeit an der Psychologischen Fakultät der Universität Wien 2004.

59 次を参照のこと。E. S. Reich: Plastic Fantastic. How the Biggest Fraud in Physics Shook the Scientific World. Basingstock 2009.

60 L. Jäncke: Macht Musik schlau? Neue Erkenntnisse aus den Neurowissenschaften und der Kognitiven Psychologie. Bern/Stuttgart 2008.

61 こうした効果は、みんなで協力して制作する演劇やハイキングのように、活動的な行為によっても確認される。次を参照のこと。M.Lövdén/ P. Ghisletta/U. Lindenberger: Social participation attenuates decline in perceptual speed in old and very old age. In: Psychology and Aging 20(2005), 423-434; J. Bauer: Das Gedächtnis des Körpers. Frankfurt a. M. 2002.

62 Bundesministerium für Bildung und Forschung(Hrsg.): Macht Mozart schlau? Die Förderung kognitiver Kompetenzen durch Musik. Berlin 2007.

63 転移効果研究に対する大ざっぱな批判ではあっても、方法論的には納得させられてしまう指摘として、次を参照のこと。Bundesministerium für Bildung und Forschung(Hrsg.): Macht Mozart schlau? Die Förderung kognitiver Kompetenzen durch Musik. Berlin 2007, 17ff. さらに次の文献のイェンケによる序言と研究概観の章も参照のこと。L. Jäncke: Macht Musik schlau? Neue Erkenntnisse aus den Neurowissenschaften und der Kognitiven Psychologie. Bern/Stuttgart 2008.

64 Bundesministerium für Bildung und Forschung(Hrsg.): Macht Mozart schlau? Die Förderung kognitiver Kompetenzen durch Musik. Berlin 2007, 5.

65 L. Jäncke: Macht Musik schlau? Neue Erkenntnisse aus den Neurowissenschaften

und der Kognitiven Psychologie. Bern/Stuttgart 2008, Kap.2.4.

66 H. Neville u. a.: Effects of Music Training on Brain and Cognitive Development in Under-Privileged 3-to-5-Year-Old Children: Preliminary Results. In: C. Asbury/B. Rich (Hrsg.): The Dana Consortium Report on Arts and Cognition: Learning, Arts, and the Brain. New York/Washington 2008, 105-116. 本書は研究プロジェクトの中間報告である。

67 M. Posner u. a.: How Arts Training Influences Cognition. In: C. Asbury/B. Rich (Hrsg.): The Dana Consortium Report on Arts and Cognition: Learning, Arts, and the Brain. New York/Washington 2008, 1-10.

68 詳しくは次を参照のこと。Chr. Rittelmeyer: >>Über die ästhetische Erziehung des Menschen<<. Eine Einführung in Friedrich Schillers pädagogische Anthropologie. Weinheim 2005, Kap. II.; F. Schiller: Über die ästhetische Erziehung des Menschen. Neugefasst von Lorenzo Ravagli. Perchtolsdorf 2008.

69 Bundesministerium für Bildung und Forschung (Hrsg.): Macht Mozart schlau? Die Förderung kognitiver Kompetenzen durch Musik. Berlin 2007, 14.

70 J. Bauer: Warum ich fühle, was du fühlst. Intuitive Kommunikation und das Geheimnis der Spiegelneurone. Hamburg 2006 (第9刷); K.Gaschler: Spiegelneurone. Die Entdeckung des Anderen. In: Gehirn & Geist, Heft 10/2006, 26-33.

71 N. Speer u. a.: Reading stories activates neural representations of perceptual and motor experiences. In: Psychological Science, 20 (2009), 989-999. さらに次も参照のこと。N. Speer u. a.: Human brain activity time-locked to narrative event boundaries. In: Psychological Science, 18 (2007), 449-455.

72 先に言及したことに加えて、次も参照のこと。L. Jäncke: Musik als Motor der Plastizität. In: Bundesministerium für Bildung und Forschung (Hrsg.): Macht Mozart schlau? Die Förderung kognitiver Kompetenzen durch Musik. Berlin 2007, 78-95.

73 ある対象を見ることと実際に手で触ることを同時に行うことが、それぞれが単独で行われる時以上に、脳神経活動に対して強い作用を及ぼすことは、「マルチモーダル」(multimodal)と呼ばれる。

74 J. F. Herbart: Über die ästhetische Darstellung der Welt als das Hauptgeschäft der Erziehung. In: Ders.: Kleine pädagogische Texte, Weinheim 1962. 本書の詳細については次を参照のこと。Y. Ehrenspeck: Versprechungen des Ästhetischen. Opladen 1962, 219ff. 古代や中世における美的なものの教育的役割に関する議論については、次を参照のこと。E. Grassi: Theorie des Schönen in der Antike. Köln 1982 (第2刷); R. Assunto: Theorie des Schönen im Mittelalter. Köln 1962; Chr. Hart-Nibbrig: Ästhetik. Materialien zu ihrer Geschichte. Frankfurt a. M. 1978; W. Tatarkiewicz: Geschichte der Ästhetik. Band I: Ästhetik der Antike, Band II: Ästhetik des Mittelalters, Band III: Ästhetik der Neuzeit. Basel 1979/1980/1987; Chr. Rittelmeyer/H. Klünker: Lesen in der Bilderschrift der Empfindungen. Erziehung und Bildung in der klassischen griechi-

schen Antike. Stuttgart 2005. Chr. Rittelmeyer: Anagogé -Bildungswege als Stufen der Einweihung und Verwandlung. In: R. W. Keck/E. Wiersing(Hrsg.): Vormoderne Lebensläufe erziehungshitorisch betrachtet. Köln 1994, 93-110; M. Parmentier: Ästhetische Bildung. In: D. Benner/J. Oelkers(Hrsg.): Historisches Wörterbuch der Pädagogik. Weinheim 2004, 11-32.

75 音楽の知覚が個人ごとに異なることに関しては、次を参照のこと。R. Oerter/Th. H. Stoffer(Hrsg.): Spezielle Musikpsychologie. Enzyklopädie Psychologie Band D. Ⅶ.2. Göttingen 2005, 343ff.

76 例えば次を参照のこと。J. Klassen: Musik zwischen Herz und Hirn. Aufbruch in eine Neuromusikologie. In: Institut für Neue Musik und Musikerziehung Darmstadt (Hrsg.): Hören und Sehen -Musik audiovisuell. Mainz 2005, 37-45.

第3章

1 Publicolor. 114 East 32nd Street, Suite 900, New York NY 10016(USA).

2 例えば次を参照のこと。R. Dunn u. a.: Light up their lives: A research on the effects of lighting on childrens achievement and behavior. In: The Reading Teacher, 38(1985), 863-869; A. Failey u. a.: The impact of color and lighting in schools. In: Council of Educational Facility Planners Journal 1979, 16-18. K. Engelbrecht: The Impact of Color on Learning. 2003(インターネット報告. http://web.archive.org/web/20040218065036/). このテーマに関してはさらに次も参照のこと。J. Pile: Color in Interior Design. New York 1997; F. H. Mahnke/R. H. Mahnke: Color, Environment and Human Response. New York 1996.

3 次を参照のこと。Chr. Rittelmeyer: Schule als gestalteter Raum: Schularchitektur. In: S. Hellekamps/W. Plöger/W. Wittenbruch(Hrsg.): Handbuch der Erziehungswissenschaft, Band Ⅱ: Schule, Erwachsenenbildung, Weiterbildung. Paderborn 2009, 505-511.

4 S. Grafton/E. Cross: Dance and the Brain. In: C. Asbury/B. Rich(Hrsg.): The Dana Consortium Report on Arts and Cognition: Learning, Arts, and the Brain. New York/Washington 2008, 61-69.

5 著者たちは、ここで、ミラー・ニューロン(物まね細胞)と同時に、同じ意味を持つものとして、「行動観察ネットワーク(AON)」についても語っている。

6 E. Altenmüller: Musik -Sprache der Gefühle? In: R. Schnell(Hrsg.): Wahrnehmung, Kognition, Ästhetik. Neurobiologie und Medienwissenschaften. Bielefeld 2005, 140.

7 A. Green Gilbert: Teaching the Three R's Through Movement Experiences. Ohms Lane 1977.

8 同様の立場は、次の教育学者も主張している。Robert Sylwester: The Adolescent Brain: Reaching for Autonomy. Thousand Oaks 2007.

9 M. Keinanen/L. Hetland/E. Winner: Teaching cognitive skill through dance: Evi-

dence for near but not far transfer. In: Journal of Asthetic Education 34(2000), 295-306.

10 L. -A. Petitto: Arts Education, the Brain, and Language. In: C. Asbury/B. Rich (Hrsg.): Dana Consortium Report on Arts and Cognition: Learning, Arts, and the Brain. New York/Washington 2008, 93-104.

11 N. Mühlpforte: Die Auswirkungen von kreativem Tanzunterricht auf die Graphomotorik von Erstklässlern -eine empirische Studie. Frankfurt a. M. u. a. 2009.

12 次の文献の批評に基づく。E. Winner/L. Hetland/S. Veenema/K. Sheridan/P. Palmer: Studio Thinking: How visual Arts Teaching Can Promote Disciplined Habits of Mind. In: P. Locher/C. Martindale/L. Dorfman/D.Leontive(Hrsg.): New Directions in Aesthetics, Creativity, and the Arts. Amityville/New York 2006, 189-205.

13 同上。

14 E. Spelke: Effects of Music Instruction on Developing Congnitive Systems at the Foundations of Mathematics and Science. In: C. Asbury/B. Rich(Hrsg.): The Dana Consortium Report on Arts and Cognition: Learning, Arts, and the Brain. New York/Washington 2008, 47-70.

15 重回帰分析という統計的手法で分析された。

16 K. N. Dunbar: Arts Education, the Brain, and Language. In: C. Asbury/B. Rich (Hrsg.): The Dana Consortium Report on Arts and Cognition: Learning, Arts, and the Brain. New York/Washington 2008, 81-91.

17 創造性検査については次を参照のこと。J. P. Guilford: The Nature of Human Intelligence. New York 1967.

18 J. Jonides: Musical Skill and Cognition. In: C. Asbury/B. Rich(Hrsg.): The Dana Consortium Report on Arts and Cognition: Learning, Arts, and the Brain. New York/Washington 2008, 11-15.

19 E. G. Schellenberg: Music lessons enhances IQ. In: Psychological Science 15(2004), 511-514; E. G. Schellenberg: Long-term positive associations between music lessons and IQ. In: Journal of Educational Psychology 98(2006), 458-466.

20 A. Podlozny: Strengthening verbal skills through the use of classroom drama: A clear link. In: Journal of Aesthetic Education, 34(2000), 91-104.

21 次も参照のこと。G. Salomin/D. N. Perkins: Rocky roads to transfer: Rethinging mechanisms of a neglected phenomenon. In: Educational Psychology, 24(1989), 113-142.

22 R. W. Larson/J. R. Brown: Emotional Development in Adolescence: What can be Learned a High School Theater Program? In: Child Development, 78(2007), 1083-1099.

23 「情緒的知能」についての詳細は次を参照のこと。D. Goleman: Emotionale Intelligenz. München 2008(第20刷); R. Schulze(Hrsg.): Emotionale Intelligenz: Ein inter-

nationales Handbuch. Göttingen 2006.
24　C. Dietrich: Wozu in Tönen denken. Historische und empirische Studien zur bildungstheoretischen Bedeutung musikalischer Autonomie. Kassel 1998（特に 95ff.）. C. Thaon de Saint André: Experimentelle Untersuchungen zur Formwahrnehmung in der Musik. Frankfurt a. M. 2006.
25　K. Mollenhauer, unter Mitarbeit von C. Dietrich, H. -R. Müller und M. Parmentier: Grundfragen ästhetischer Bildung. Theoretische und empirische Befunde zur ästhetischen Erfahrung von Kindern. Weinheim/München 1996.
26　S. Bender: Kunst im Kern von Schulkultur. Eine fallrekonstructive Studie zu den Möglichkeiten und Grenzen ästhetischer Erfahrung und ästhetischer Bildung an einer kunstorientierten Regelschule. Dissertation: Universität Hildesheim 2008; Wiesbaden 2009.
27　B. Wandell/R. F. Dougherty/M. Ben-Shachar/G. K. Deutsch/J. Tang: Training in the Arts, Reading, and Brain Imaging. In: C. Asbury/B. Rich（Hrsg.）: The Dana Consortium Report on Arts and Cognition: Learning, Arts, and the Brain. New York/Washington 2008, 51-59.
28　I. Carlsson/P. E. Wendt/J. Risberg: On the neurobiology of creativity. Differences in frontal activity between high and low creative subjects. In: Neuropsychologia 38 （2000）, 873-885.
29　M. Posner u. a. : How Arts Training Influences Cognition. In: C. Asbury/B. Rich （Hrsg.）: The Dana Consortium Report on Arts and Cognition: Learning, Arts, and the Brain. New York/Washington 2008, 1-10.
30　G. Büttenbender/Chr. Rittelmeyer: Ästhetische Experimente -Schule der Toleranz？In: Kunst + Unterricht, Heft 3（1969）, 16-21.
31　次も参照のこと。M. R. Rueda u. a.: Training, maturation and genetic influences on the development of executive attention. In: Proceedings of the National Academy of Sciences 102（2005）, 14931-14936.
32　この点については次も参照のこと。M. R. Rueda u. a.: Development of the time course for proceeding conflict: An event-related potential study with 4 year olds and adults. In: BMC Neuroscience 5（2004）, 39.
33　R. J. Deasy（Hrsg.）: Critical Links: Learning in the Arts and Student Academic and Social Development. Washington 2002. なお本書は、インターネット上で閲覧することができ、Arts Education Partnership のホームページからダウンロードすることができる。
34　2005 年に刊行された次の文書は、その他の造形芸術の転移効果研究について指摘している。Critical Evidence: How the Arts Benefit Student Achivement. なお、この文書もインターネット上で見ることができる。
35　より詳しくは次を参照のこと。Chr. Rittelmeyer: Aller innere Sinn ist Sinn für

Sinn. In: P. Buck(Hrsg.): Wie gelangt ein Mensch zu Sinn? Stuttgart 2006, 25-45.
36 www.harrisinteractive.com.
37 この意識調査のインターネット上での報告は、次のような表題で行われた。"Those with More Education and Higher Household Incomes are More Likely to Have Had Music Education. Music Education Influences Level of Personal Fulfillment for Many U.S. Adults." November 12, 2007, HarrisInteractice.
38 DER SPIEGEL. Nr. 21/2002.
39 U. Eco: Im Krebsgang voran: Heiße Kriege und medialer Populismus. München 2007.
40 詳しくは次を参照のこと。Chr. Rittelmeyer: Was sollen Kinder lesen. Kritierien, Beispiele, Empfehlungen. Stuttgart 2009, 113ff.
41 L. Hetland/E. Winner/S. Veneema/K. Sheridan: Studio Thinking: The Real Benefits of Visual Arts Education. New York 2007.
42 E. Winner/M. Cooper: Mute those claims: No evidence(yet)for a causual link between arts study and academic achivement. In: Journal of Aesthetic Education 34 (2000), 11-75. この論文をめぐって展開された論争については、2007年8月4日付の『ニューヨーク・タイムズ』の報告を参照のこと。www.nytimes.com.
43 J. Broomall: Studio Thinking: The real benefits of visual arts education. Is this the book that will change arts education? These authors will settle for nothing less than >>changing the conversation<<. Review 12. September 2007, www.educyberpg.com.
44 E. Winner/L. Hetland/S. Veenema/K. Sheridan/P. Palmer: Studio Thinking: How Visual Arts Teaching Can Promote Desciplined Habits of Mind. In: P. Locher/C. Martindale/L. Dorfman/D. Leontiev(Hrsg.): New Directions in Aethetics, Creativity, and the Arts. Amityville/Ney York 2006, 189-205.
45 こうした現象学的・実証的アプローチについては、次を参照のこと。K.Mollenhauer u. a.: Grundfragen ästhetischer Bildung. Theoretische und empirische Befunde zur ästhetischen Erfahrung von Kindern. Weinheim 1996.

終章

1 D. Dickinson: Learning Through the Arts. In: New Horizons of Learning 1997, www. newhorizons.org/strategies/arts/dickinson_lrnarts.htm.
2 U. Mahlert in das Orchester, 7-8(2002).
3 例えば、次の文献は、思春期におけるホルモンの増加が、青少年の音楽能力に及ぼす作用を長期にわたる調査で明らかにしている。この文献では、神経生理学の側面が重視されてはいるものの、思春期における身体プロセス全体が関連づけて考察されている。Marianne Hassler: Musikalische Begabung in der Pubertät. Biologische und psychologische Einflüsse. Augsburg 1998.
4 カタジナ・グレボスは、管見の限りでは、こうした時間生物学の視点からの研

究展望を提示してくれる唯一の転移効果研究者である。Katarzyna Grebosz: Der Einfluss musikalischer Ausbildung auf die Entwicklung der Psyche von Kindern. Eine empirische Untersuchung an drei unterschiedlichen Grundschulen in Polen. Dissertation an der Universität Salzburg 2006, 279.

5 M. Moser/D. von Bonin/M. Frühwirth/J. Herfert/H. Lackner/F. Muhry und Chr. Puelacher: Luftkunst. Von der Fähigkeit, mit dem Atem das Herz und den Körper zum Klingen zu bringen. In: Luft. Elemente des Naturhaushalts IV. Schriftenreihe Forum Band 12. Kunst- und Ausstellungshalle der Bundesrepublik Deutschland(Hrsg.), Köln 2003, 270-283.; M. Moser u. a.: Endbericht schu.support. Johanneum Research/Institut für nichtinvasive Diagnostik. Weiz(Österreich); D. Bonin/M. Frühwirt/P. Heusser/M. Moser: Wirkungen therapeutischer Sprachgestaltung auf Herzfrequenzvariabilität und Befinden. In: Forschende Komplementärmedizin Klassische Naturheilkunde 8(2001), 144-167.; J. K. Klaasmann: Wenn der Mensch zählt. In: Gesundheit Heft 6/2005, 28-32.

6 以下の記述は次の文献に基づく。Chr. Rittelmeyer: Kindheit in Bedrängnis. Stuttgart 2007, 45ff.

7 この実験データは、次のオーストリアの研究機関の快諾を得て掲載している。Das Institut für Gesundheitstechnologie und Präventionsforschung Weiz, Österreich. www.heartbalance.com.

8 M. Moser/M. Frühwirth/H. Lackner: Wie das Leben klingt. Der musikalische Aspekt des menschlichen Organismus. In: Promed 2(2007), 10-20.

9 V. Ruggieri: L'Esperienza Estetica. fondamenti psicofisiogici per un'edcatione estetica. Rom 2002(第2刷); V. Ruggieri: L'identitá in psicologia e teatro. Analisi psicofisiologica della struttura dell'io 2007(第2刷).

10 その詳細につき次を参照のこと。Chr. Rittelmeyer: Über die ästhetische Erziehung des Menschen. Eine Einführung in Friedrich Schillers pädagogische Anthropologie. Weinheim 2005, 63ff.

11 例えば次を参照のこと。H. Chr. Berg/Th. Schulze(Hrsg.): Lehrkunstwerkstatt. Neuwied 1997; P. Buck/E. M. Kranich(Hrsg.): Auf der Suche nach erlebbaren Zusammen hang. Weinheim 1995; D. Krohn u. a. (Hrsg.): Neuere Aspekte des okratischen Gesprächs. Köln 1997; H. Rumpf: Belebungsversuche. Ausgrabungen gegen die Verödung der Lernkultur. München 1987.

12 Chr. Rittelmeyer: Schulbauten posiv gestalten. Wiesbaden 1994; A. Dreier u. a.: Grundschulen planen, bauen, neu gestalten. Empfehlungen für kindgerechte Lernumwelten. Frankfurt a. m. 1999; P. Blundell Jonees: Peter Hübner. Bauen als sozialer Prozess. Stuttgart/Lodon 2007; R. Walden/S. Borrelbach: Schulen der Zukunft. Heidelberg 2002.

13 J. Bockemühl: Aspekte der Selbsterfahrung im phänomenologischen Zugang zur

Natur der Pflanzen, Gesteine, Tiere und der Landschaft. In: G. Böhme/G. Schiemann: Phänomenologie der Natur. Frankfurt a. M. 1997, 149-189; E. -M. Kranich: Pflanzen als Bilder der Seelenwelt. Stuttgart 1993.

14 E. -M. Kranich u. a.: Formenzeichnen. Die Entwicklung des Formensinns in der Erziehung. Stuttgart 1986.

15 こうした教育方法による古代史の授業の事例として、次を参照のこと。Chr. Rittelmeyer/H. Klünker: Lesen in der Bilderschrift der Empfindungen. Erziehung und Bildung in der klassischen griechischen Antike. Stuttgart 2005.

16 例えば次を参照のこと。K. Bering/R. Niehoff(Hrsg.): Vom Bilde aus ... Beiträge des Faches Kunst für andere Fächer. Oberhausen 2007. この本は、PISAショック以後の学校における「芸術の周辺教科化」も意識しながら執筆されている。インターネット上の雑誌(www.newhorizons.org/arts)には、例えば「ドラマと数学」など、多くの指摘を確認することができる。次も参照のこと。M. Felten: Mathematik -auch mal mit Kunst. Fächerübergreifende Lernbausteine. Würzburg 2002.

17 例えば次を参照のこと。E. Liebau/L. Klepacki/J. Zirfas: Theatrale Bildung. Theaterpädagogische Grundlagen und kulturpädagogische Perspektiven für die Schule. Weinheim 2009; L. Klepacki: Die Ästhetik des Schultheaters. Weinheim 2007.

18 これに対してアメリカにおいては、演劇、絵画、写真、ダンス、音楽等に重点を置く学校に関する肯定的評価をしている報告が頻繁に出されている。次を参照のこと。Dee Dickinson: Learning Through the Arts. New Horizons of Learning 1997, www.newhorizons.org/strategies/arts/dickinson_lrnarts. htm; The United States Department of Education: Schools, Communities, and the Arts: A Research Compendium. Washington 1995; B. Oreck/S. Baum/H. McCartney. Artistic talent development for urban youth: The promise and the challenge. Storrs, CT: The National Research Center on the Grifted and Talented, University of Connecticut.

19 次を参照のこと。K. -J. Groffmann/L. Michel(Hrsg.): Grundlagen psychologischer Diagnostik. Enzyklopädie Psychologie Band B. II ,1, Göttingen 1982, 173ff., 248ff., 295ff.

20 www.kunstunterricht-projekt.ch, www.fhnw.ch/ph/ip/forschung/abravikobb-raeumlich-visuelle-kompetenzen.

21 www.perle-projekt.de.

22 このことにつき次を参照のこと。R. Messner/I. Ahlring: Hessische Versuchsschulen -eine Bilanz. Kassel 2003, 46ff. 最近になって、ヘッセン州質的開発研究所によってこの学校の教育的プロフィールは極めて肯定的に評価された。このことにつき次を参照のこと。Institut für Qualitätsentwicklung: Bericht über die Inspektion der Helene-Lange-Schule in Wiesbaden vom 10. bis 12. 2007, August 2007.

23 E. Riegel: Schule kann gelingen. Bonn 2004.

24 O. Köller/U. Trautwein(Hrsg.): Schulqualität und Schülerleistungen. Weinhe-

im 2003, 第5章。この文献の著書は、「文化的資産」(例えば、家庭で所有している著書の多さ)は、子どもの学業成績の良さと明確な関連性を有すると述べている。TIMMS調査での数学の数値は、演劇の時間の設定などのために数学の授業時数を削減しても、「何らの明白な学習欠損」という結果にはならず、しかし同時に抜きん出た成績にもならなかった。

25 ビーレフェルト実験室学校(Laborschule Bielefeld)及びヴィースバーデンのヘレーネ・ランゲ総合制学校(Helene-Lange-Schule)のPISA調査結果に関するドイツ通信社(dpa)の報道に対するコメント(2002年11月13日)。このコメントは現在(2009年)でもインターネット上で公開されている。www.mpib-berlin.mpg.de.

26 シュタイナー学校の教育に特有の芸術的な授業は、少なくとも大半のシュタイナー学校では、アビトゥア(大学入学資格)取得率の低さという結果をもたらしている訳ではない。にもかかわらず、シュタイナー学校についても、これまでは十分に満足できる評価はなされていない。

27 M. Brater/Chr. Hemmer-Schanze/A. Schmelzer: Interkulturelle Waldorfschule. Evaluation zur schulischen Integration von Migrantenkindern. Wiesbaden 2008.

訳者あとがき

　本書は、Christian Rittelmeyer, Warum und wozu ästhetische Bildung? Über Transferwirkungen künstlerischer Tätigkeiten. Ein Forschungsüberblick, Athena Verlag 2010. の全訳である。原題は『美的人間形成　その根拠と目的は何か？芸術活動の転移効果：1つの研究レビュー』であるが、簡略化して、『芸術体験の転移効果――最新の科学が明らかにした人間形成の真実――』とした。原文のイタリック体の部分は、太字で表示した。読みやすくするための工夫として、原書にはない小見出しを適宜付け加えるとともに、やや馴染みがないと思われる言葉や人名には訳注を付した。なお、翻訳にあたっては、原書の第2刷（2012年）を底本とした。

　著者のリッテルマイヤー氏は、1940年生まれの教育学者で、2003年までドイツの名門大学の一つ、ゲッティンゲン大学で教育学ゼミナールの教授を長らく務めた。リッテルマイヤー氏の研究領域は、教育理論及び教育史、教育人間学、美的教育論まで多岐に及んでおり、多くの著書と論文を著している。本書に関連した著書だけでも、例えば、『学校建築の形態入門　学校建築の国際的研究の成果』(Einführung in die Gestaltung von Schulbauten. Resultate der internationalen Schulbauforschung, Frammersbach 2013.)、『人間形成　教育上の根本概念』(Bildung. Ein pädagogischer Grundbegriff, Stuttgart 2011.)、『「人間の美的教育について」　シラーの教育人間学入門』("Über die ästhetische Erziehung des Menschen." Eine Einführung in Friedrich Schillers pädagogische Anthropologie, Weinheim 2004.)、『身体の教育人間学　教育の生物学的前提』(Pädagogische Anthropologie der Leibes. Biologische Voraussetzungen der Erziehung und Bildung, Weinheim 2002.)、等を挙げることができる。これらの著書の他に、韓国語、ポーラ

ンド語及びロシア語に翻訳された著書もあり、リッテルマイヤー氏はドイツはもとより国際的にも知られた教育学者であると言える。

さて、心臓移植を施したマウスにオペラ音楽を聴かせると、そうでないマウスよりも長く生存するという発見により、日本の医学者に2013年のイグノーベル賞が授与されたことを記憶している読者も多いことだろう。オペラを聴かせると、何故マウスが長生きするのか、そのメカニズムはまだ十分に明らかにされてはいない。だが、この興味深い発見は、マウスとは比較できないほどに高度で複雑な身体的・精神的構造の人間の場合には、オペラを含めた芸術が、より一層広範な作用を及ぼすであろうことを予想させてくれる。まさに本書は、音楽、美術、演劇、ダンス、造形といった芸術に関わる活動(芸術体験)が、芸術の知識や技能の習得の次元を越えて、より幅広い人間形成上の機能を果たすこと、とりわけ認知能力、道徳的能力、人間関係能力の向上という〈転移効果〉が確認できることを、膨大な実証的研究成果の総合的分析を通して明らかにしたものである。

ここで、本書の意義について、芸術体験(芸術教育)に関する研究の側面と教育の側面から簡単に確認しておきたい。まず芸術体験(芸術教育)に関する研究の側面から見れば、本書は、1990年代以降、国際的にしかも学際的に展開されてきた芸術体験(芸術教育)の転移効果についての研究成果を、文字通り総合的にレビューしたものである。我が国では、こうした研究分野の書籍はこれまで出版されてこなかった。その意味で、本書は我が国で最初の芸術体験(芸術教育)の転移効果に関する本格的書物と言える。確かに本文でも言及されている通り、国際的に見れば、芸術体験の転移効果に関する研究成果のレビューは皆無であった訳ではない。しかし、これまでに行われたレビューは、使用言語の限定(多くは英語で執筆された研究成果に限定)、あるいはある特定の芸術分野に限定した分析(多くは音楽の転移効果に限定)であるなど、十分なものではなかった。

これに対して本書は、本文及び注に記された文献からも明らかなように、ドイツ語使用諸国(ドイツ、オーストリア、スイス)における研究成果まで分析

対象に含めたものであり、同時に演劇やダンスといった音楽以外の芸術分野の転移効果研究の成果にまで分析対象を拡張したものである。加えて、本書は、近年目覚ましい成果を上げている脳科学研究による新たな発見や知見も踏まえて考察を深めることで、従来の転移効果研究の課題を補完するとともに、今後の検討課題まで提示したものである。何にもまして、脳科学の知見として示されている、芸術活動と知的活動が部分的には同一の脳神経領域で処理されているという事実は、極めて興味深いものだろう。我が国では、芸術体験(芸術教育)を〈転移効果〉という視点から研究することは、欧米に比して遅れた状態にある。芸術体験の転移効果に関する国際的研究の到達点と課題を的確に整理した本書を契機として、我が国でもこの分野の研究が盛んになることを期待したい。その際に、本書の詳細な文献注記が、重要な情報源となることを確信している。

　しかし、本書のより重要な意義は、青少年はもとより大人からお年寄りまで含めて、芸術や芸術体験が人間の健全な成長・発達において果たす役割を、実証的な科学的根拠に基づいて明らかにしていることにある。訳者が本書と出会い、非力を顧みず翻訳を思い立った最大の理由もこの点にある。すなわち、本書は、国際的な実証的研究の成果を慎重に比較検討した結論として、芸術体験が直接的な芸術の次元を越えて、人間形成に本質的な作用を及ぼすものであることを確認した。確かに個人差や一定の条件の留保は前提としつつも、「芸術を体験することは、同時に思考・省察能力、観察の繊細さ、情緒の深まり、そして人間関係能力を訓練することにもなる」(終章)、との結論を導き出した。より具体的に再確認すれば、例えば音楽を聴くことは言語能力や数学的能力の発達を促し、ダンスの練習は空間認知能力を高め、さらに演劇活動はテキストや文脈を理解する知的能力や共感能力を高める転移効果が確認された。特別な教育的支援を必要とする子どもや社会的ハンディキャップを持つ子どもの場合にも、活動的な芸術体験の機会は自己肯定感や学習意欲を高め、言語能力や空間認知能力を向上させるという転移効果が確認された。こうした芸術体験が及ぼす人間形成への転移効果は、芸術体験に

伴って脳神経領域が活性化され、より複雑な脳神経のネットワークが形成されることによって生じるものであった。

　これらの本書が提示した科学的な知見は、子どもの人間形成や学校教育の在り方を熟考する際に、今後重要な意味を持つことになるだろう。この新たな知見は、子どもたちに可能な限り多様で豊かな芸術体験の機会を提供することの必要性と重要性を、実証的な根拠に基づいて説明することを可能にしたからである。そして、「学力向上」という大義名分のために、芸術に関連した授業やその機会を削減してしまうことが、如何に近視眼的で短絡的な発想であり、健全な人間形成を阻害する危険な行為であるかも理解できるようになるだろう。加えて本書は、幼児教育や学校教育に限らず、生涯学習や医療・社会福祉領域における様々な芸術活動の取組み(絵画講座、書道教室、芸術療法も含め)にとっても、その人間形成的役割の学術的基盤を提供したものとして重要な意味を持つ。本書が、社会の様々な領域で芸術活動に従事している人々を勇気づけることができれば、訳者としてこれ以上の喜びはない。

　本書を手に取られた読者の中には、シュタイナー学校(ヴァルドルフ学校)を想起した方もいることだろう。シュタイナー学校は1919年に南ドイツで創設された学校で、いまや世界各国に約1千校まで増加した12年制の初等・中等学校である。周知のように、この学校のカリキュラムでは、12年間を通して芸術関連の教科や機会が縦横に配置され、どの教科でも芸術体験の要素を組み込んだ授業が展開されている。加えて、校舎の全体構造から教室の形状や壁の色彩に至るまで、子どもたちの心身の発達を考慮したものとなっている。こうした一見すれば、「ユニークな」あるいは「風変わりな」とも評価されるシュタイナー学校の教育実践に対しても、本書はそれを根拠づける科学的知見を提供するものである。同様に本書が提示する最新の実証的研究の知見は、この学校の創始者であるルドルフ・シュタイナーの教育思想の理解を助けてくれることにもなるだろう。ちなみに、本書の著者のリッテルマイヤー氏は、翻訳出版の相談のために面会した訳者に、自身もシュタイナー学校の卒業者であることを語ってくれた。

翻訳にあたっては、あくまでも原文に忠実に、しかし可能な限り平易な日本語になるよう努めたつもりではあるが、こなれない表現や思わぬ誤りもあるかも知れない。読者諸兄の忌憚のないご指摘を願うばかりである。最後になったが、出版事情が厳しい状況にあって、本書の翻訳刊行の意義を即座に認めて頂き、出版引き受けをご快諾くださった東信堂の下田勝司社長に心から感謝の意を表したい。

　平成27年5月8日　　　　　　　　　　　　　　　　　　　訳者　遠藤孝夫

事項索引

アルファベット

PISA	109, 110
PISA学力調査	i, 7
PISA型能力	8
PISA調査	108
TIMSS	109
TIMSS調査	108

あ行

因果関係	17, 43, 90, 95, 96
運命の瞬間	26, 85
エンドロフィン	44
演劇	i, 4, 5, 7-12, 14, 15, 38, 43, 56-58, 62, 63, 66-73, 76-78, 88, 89, 95, 104, 106-109
オキシトシン	59
音楽教育	14, 22-24, 26-30, 33, 34, 38, 39, 49, 51, 79, 80, 89, 105

か行

開放性	50, 51, 75, 76
隠れたカリキュラム	88
感受性	ii, 20, 38, 39, 41, 44, 50, 51, 75, 76, 94, 102
感動体験	86
共感能力	53, 69, 94
空間認知	37
空間認知能力	5, 6, 13, 17, 19, 20, 22, 38, 40-43, 49, 52, 53, 59, 60, 62, 63, 66, 67, 77
芸術教育	i, ii, 3-11, 13, 14, 16, 29, 30, 33, 47, 62, 63, 65, 67, 68, 73, 77, 78, 80, 86, 88-93, 94, 95, 100, 105, 107, 108, 110
芸術体験	i, ii, 9, 10, 13, 17, 18, 27, 40, 54, 55, 63, 93, 95, 96, 101, 108
芸術的教授法	104
言語能力	22-24, 28, 38, 41, 42, 66, 68, 70, 73, 74, 77
構造的聴取	43, 44
構造分析	12, 13, 40, 55, 87, 110

さ行

時間生物学	101
自己信頼感	5, 8, 109
実行的注意	50, 51, 76
シナプス	38, 51
シナプス結合	36, 44
社会的ハンディキャップ	34, 77
シュタイナー学校(ヴァルドルフ学校)	97, 110
数学的能力	17, 49, 62, 63, 73, 95, 96
相関関係	17, 20, 21, 22, 26, 44, 55, 74, 76, 90, 95, 96
創造性	ii, 3, 5, 8, 13, 21, 80, 89, 107

た行

多重知能理論	21
ダンス	ii, 4, 5, 9, 11, 12, 15, 38, 53, 56-63, 66, 67, 73, 76-78, 88,

注意深さ　　　　40, 50, 51, 60, 73, 74, 76
転移　　　　　　　　　　　　　　　9
転移効果　　　　i, ii, 9-11, 14, 17-21,
　　　　　　　23, 28, 29, 31-33, 35, 39, 40,
　　　　　　　43, 46, 47, 53-57, 59, 62, 63, 68,
　　　　　　　70-78, 86, 88, 89, 92-94, 96,
　　　　　　　　　　　　　100, 105, 108
転移効果研究　　i, ii, 8, 11, 12, 13, 17, 18,
　　　　　　　27, 38, 45, 47, 48, 55, 61,
　　　　　　　73, 76, 77, 79, 80, 86, 87,
　　　　　　　89, 90, 92-96, 103, 110
伝記的報告　　　　26, 54, 55, 93
特別な支援を必要とする子ども　　28

な行

人間関係能力　　　　6, 10, 28, 30-34,
　　　　　　　　68, 69, 77, 78, 80, 93
人間形成　　　　iii, 12, 13, 26, 29, 54,
　　　　　　　　　62, 73, 83, 85
認知能力　　ii, 6, 9, 13, 16, 19, 20, 22-24,
　　　　　　　28, 49, 54, 62, 67, 68, 73, 74,
　　　　　　　　　78, 79, 90, 93
脳科学　　　　　　17, 18, 27, 35, 38,
　　　　　　　　　95, 103, 106, 107
脳科学研究　　　　　　　　ii, 29
脳神経研究　　　　　　　　　63

は行

美的体験　　　　73, 77, 79, 80, 85, 86
美的理論　　　　　i, 55, 86, 87, 110
ビジュアルアート（絵画、線描、造形）
　　　　　　　　73, 77, 87, 88, 90, 95
ベルリンフィルと子どもたち　15, 77, 106
ヘレーネ・ランゲ総合制学校　108, 109,
　　　　　　　　　　　　　　110

ま行

ミラー効果　　　　　　　　　107
ミラー・ニューロン（物まね細胞）39, 53,
　　　　　　　　　　　　　　58
免疫ゴロブリンA　　　　　　44
モーツァルト効果　　　19, 20, 22, 29,
　　　　　　　　　40, 46, 48, 49, 52

や行

ユネスコ　　　　　　　　　i, 3, 7

　　　　　　　　47, 55, 56, 93, 96

人名索引

ア行

アドルノ, Th.	43, 44
アルテンミュラー, E.	21, 22, 37, 41, 43, 44, 55, 119
イェンケ, L.	16, 35, 37, 45, 46, 48-50
イェンシュケ, S.	41
ウィナー, E.	77, 87-90, 92
ヴェーベルン, A.	101
ヴェンデル, B.	38
ウォング, P.	42
エーコ, U.	83, 84

カ行

ガザニガ, M.	17
ガードナー, H.	21, 115
カント, E.	50, 51
ギルバート, A.	59
キング, S.	52
クーパー, M.	88
クラウス, N.	42
グレボス, K.	28, 29, 32, 33, 111, 126
クロス, E.	53, 58
グラフトン, S.	53, 58
ケルシュ, S.	41
ケイナネン, M.	59
ゲーテ, J. W. v.	54, 84-86

サ行

シェレンバーグ, G.	22, 23, 68, 70, 116

シュテンフィッヒ, A.	8
シュピシンガー, M.	46
シューマッハー, R.	46, 48-50, 52
シューマン, R.	57
シュミット, R.	43
ジョニーズ, J.	68
ジョンソン, P.	79
シラー, F.	50, 51, 86, 94, 101-103
ストレイト, D.	39
スペルキ, E.	42, 43, 62-67, 111

タ行

ダグラス, K.	20
ダマシオ, A.	3
ダンバー, K.	67, 68
ディージー, R.	14, 77, 78, 95
ディキンソン, D.	9, 10, 93, 112
ディートリッヒ, C.	72
トンプソン, W. F.	23

ナ行

ネヴィレ, H.	49, 50

ハ行

ハクスリー, A.	83
バスティアン, H.	16, 21, 34, 35, 46, 113, 115, 117
バレンボイム, D.	105
バンフォード, A.	5, 7, 16, 17, 111
ビュッテンベンダー, G.	75
ビルキー, D.	20

ビルバウマー, N.	43	マーレルト, U.	94
フクヤマ, F.	83, 84	ミュールフォルテ, N.	60
ブラウン, J.	71, 109	モーザー, M.	97, 100, 101
ペティット, L.	60, 61	モーツァルト, W. A.	19, 20, 22, 40,
ベートーベン, L. v.	12, 50, 103		44, 48, 52, 106, 115
ヘルバルト, J. F.	54		
ベンダー, S.	73		

ラ行

ポグレビン, R.	10	ラウファー, D.	23, 24, 26-28, 38, 55
ポスナー, M.	50, 51, 74, 76	ラーソン, R.	71, 109
ホルツカンプ, K.	26, 54, 86	ラトル, S.	15
		リーゲル, E.	108, 109

マ行

		ルッジェリ, V.	101
松浦晃一郎	3	ロビンソン, K.	4
マルドゥーム, R.	106		

訳者紹介

遠藤　孝夫(えんどう たかお)
1989年に東北大学大学院教育学研究科博士課程単位取得退学。1997年10月から2007年3月まで弘前大学教育学部に助教授・教授として勤務。現在は岩手大学教育学部教授。博士(教育学)。専攻はドイツ教育史。

主要著書論文
『近代ドイツ公教育体制の再編過程』(創文社、1996年)、『管理から自律へ　戦後ドイツの学校改革』(勁草書房、2004年)、『新訂版　資料で考える子ども・学校・教育』(共著、学術図書出版社、2003年)、『教員養成学の誕生　弘前大学教育学部の挑戦』(共編著、東信堂、2007年)、「ヴァルドルフ教員養成の公的地位獲得と教員養成の国家独占の否定」(日本教育学会『教育学研究』第80巻第1号、2013年)。

芸術体験の転移効果
──最新の科学が明らかにした人間形成の真実──

2015年9月15日　　初　版　第1刷発行　　　　　　　　　〔検印省略〕
　　　　　　　　　　　　　　　　　　　　　　　定価はカバーに表示してあります。

訳者Ⓒ遠藤　孝夫／発行者　下田勝司　　　　　　印刷・製本／中央精版印刷

東京都文京区向丘1-20-6　　郵便振替 00110-6-37828
〒113-0023　TEL (03)3818-5521　FAX (03)3818-5514
　　　　　　　　　　　　　　　　　　　　　　株式　発行所
　　　　　　　　　　　　　　　　　　　　　　会社　東信堂

Published by TOSHINDO PUBLISHING CO., LTD.
1-20-6, Mukougaoka, Bunkyo-ku, Tokyo, 113-0023, Japan
E-mail : tk203444@fsinet.or.jp　　http://www.toshindo-pub.com

ISBN978-4-7989-1314-8 C3037　Ⓒ TAKAO Endo

― 東信堂 ―

子ども・若者の自己形成空間 ――教育人間学の視線から	高橋勝編著	二七〇〇円
君は自分と通話できるケータイを持っているか ――「現代の諸課題と学校教育」講義	小西正雄	二〇〇〇円
教育文化人間論 ――知の逍遥／論の越境	小西正雄	二〇〇〇円
グローバルな学びへ ――協同と刷新の教育	田中智志編著	二〇〇〇円
教育の共生体へ ――ボディ・エデュケーショナルの思想圏	田中智志編著	三五〇〇円
人格形成概念の誕生 ――近代アメリカの思想圏	田中智志	三六〇〇円
社会性概念の構築 ――アメリカ進歩主義教育の概念史	田中智志	三八〇〇円
アメリカ 間違いがまかり通っている時代 ――教育概念史	D・ラヴィッチ著／末藤美津子訳	三八〇〇円
教育による社会的正義の実現―アメリカの挑戦(1945-1980)	D・ラヴィッチ著／末藤・宮本・佐藤訳	五六〇〇円
学校改革抗争の100年―20世紀アメリカ教育史	D・ラヴィッチ著／末藤美津子訳	六四〇〇円
生活世界に織り込まれた発達文化 ――人間形成の全体史への道	青木真利夫	二八〇〇円
ヨーロッパ近代教育の葛藤 ――地球社会の求める教育システムへ	柿内真紀編	三二〇〇円
多元的宗教教育の成立過程 ――アメリカ教育と成瀬仁蔵の「帰一」の教育	関啓子編	三二〇〇円
〈シリーズ 日本の教育を問いなおす〉	太田美幸	三六〇〇円
拡大する社会格差に挑む教育	西村和雄・大森不二雄・倉元直樹・木村拓也編	二四〇〇円
混迷する評価の時代―教育評価を根底から問う	西村和雄・大森不二雄・倉元直樹・木村拓也編	二四〇〇円
教育における評価とモラル	戸瀬信之編	二四〇〇円
芸術体験の転移効果 ――最新の科学が明らかにした人間形成の真実	C・リッテルマイヤー著／遠藤孝夫訳	二〇〇〇円
ハーバード・プロジェクト・ゼロの芸術認知理論とその実践 ――内なる知性とクリエティビティを育むハワード・ガードナーの教育戦略	池内慈朗	六五〇〇円
協同と表現のワークショップ（第2版） ――学びのための環境のデザイン	茂木一司編集代表	二四〇〇円
演劇教育の理論と実践の研究 ――自由ヴァルドルフ学校の演劇教育	広瀬綾子	三八〇〇円

〒113-0023 東京都文京区向丘1-20-6　TEL 03-3818-5521　FAX03-3818-5514　振替 00110-6-37828
Email tk203444@fsinet.or.jp　URL:http://www.toshindo-pub.com/
※定価：表示価格（本体）＋税

東信堂

比較教育学事典	日本比較教育学会編	一二〇〇〇円
比較教育学の地平を拓く	森山肖子編著	二六〇〇円
比較教育学—越境のレッスン	山田肖子・森下稔編著	三六〇〇円
比較教育学―伝統・挑戦・新しいパラダイムを求めて	馬越徹	三六〇〇円
国際教育開発の研究射程―「持続可能な社会」のための比較教育学の最前線	北村友人著	二八〇〇円
国際教育開発の再検討―途上国の基礎教育普及に向けて	西川啓子・小川啓一・北村友人編著	二四〇〇円
発展途上国の保育と国際協力	浜野隆・三輪千明編著	三五〇〇円
トランスナショナル高等教育の国際比較―留学概念の転換	杉本均編著	三六〇〇円
中国教育の文化的基盤	大塚豊監訳	二九〇〇円
中国大学入試研究―変貌する国家の人材選抜	大塚豊	三六〇〇円
中国高等教育独学試験制度の展開	南部広孝	三二〇〇円
中国基礎教育における「主体性」の育成	劉文君	五〇四八円
文革後中国教育の多様化と教育改革	王傑	三九〇〇円
現代中国初中等教育の拡大と教育機会の変容	楠山研	六〇〇〇円
中国の職業教育拡大政策―背景・実現過程・帰結	李霞	二八〇〇円
現代台湾教育とナショナル・アイデンティティ	林初梅	四六〇〇円
戦後台湾教育における「郷土」としての台湾―郷土教育の展開にみるアイデンティティの変容	山﨑直也	六〇〇〇円
ドイツ統一・EU統合とグローバリズム―教育の視点からみたその軌跡と課題	木戸裕	四二〇〇円
教育における国家原理と市場原理―チリ現代教育史に関する研究	斉藤泰雄	三八〇〇円
中央アジアの教育とグローバリズム	川嶺辺敏子編著	三二〇〇円
インドの無認可学校研究―公教育を支える「影の制度」	小原優貴	三六〇〇円
バングラデシュ農村の初等教育制度受容	日下部達哉	三六〇〇円
オーストラリアのグローバル教育の理論と実践	木村裕	三六〇〇円
開発教育研究の継承と新たな展開	本柳とみ子	三六〇〇円
オーストラリアの教員養成とグローバリズム	本柳とみ子	三六〇〇円
多様性と公平性の保証に向けて	青木麻衣子・佐藤博志編著	二〇〇〇円
[新版]オーストラリア・ニュージーランドの教育―グローバル社会を生き抜く力の育成に向けて	青木麻衣子・佐藤博志編著	二〇〇〇円
オーストラリアの言語教育政策―多文化主義における「多様性」と「統一性」の揺らぎと共存	青木麻衣子	三八〇〇円
マレーシア青年期女性の進路形成	鴨川明子	四七〇〇円

〒113-0023 東京都文京区向丘 1-20-6　TEL 03-3818-5521　FAX 03-3818-5514　振替 00110-6-37828
Email tk203444@fsinet.or.jp　URL・http://www.toshindo-pub.com/

※定価：表示価格（本体）＋税

東信堂

大学の自己変革とオートノミー ―点検から創造へ	寺﨑昌男	二五〇〇円
大学教育の創造 ―歴史・システム・カリキュラム	寺﨑昌男	二五〇〇円
大学教育の可能性 ―教養教育・評価・実践	寺﨑昌男	二八〇〇円
大学は歴史の思想で変わる ―FD・評価・私学	寺﨑昌男	二五〇〇円
大学改革 その先を読む	寺﨑昌男	二三〇〇円
大学自らの総合力― 理念とFD そしてSD	寺﨑昌男	二〇〇〇円
アウトカムに基づく大学教育の質保証 ―チューニングとアセスメントにみる世界の動向	深堀聰子編著	三六〇〇円
高等教育質保証の国際比較	羽田貴史 杉本和弘 米澤彰純 編	三六〇〇円
学士課程教育の質保証へむけて ―学生調査と初年次教育からみえてきたもの	山田礼子	三二〇〇円
大学教育を科学する ―学生の教育評価の国際比較	山田礼子編著	三六〇〇円
主体的学び 創刊号	主体的学び研究所編	一六〇〇円
主体的学び 2号	主体的学び研究所編	一八〇〇円
主体的学び 3号	主体的学び研究所編	一六〇〇円
「主体的学び」につなげる評価と学習方法 ―カナダで実践されるCEモデル	S.ヤング&R.ウィルソン著 土持ゲーリー法一 監訳	二五〇〇円
ポートフォリオが日本の大学を変える ―ティーチング/ラーニング/アカデミック・ポートフォリオの活用	土持ゲーリー法一	二五〇〇円
ティーチング・ポートフォリオ 授業改善の秘訣	土持ゲーリー法一	二四〇〇円
ラーニング・ポートフォリオ 学習改善の秘訣	土持ゲーリー法一	二五〇〇円
アクティブラーニングと教授学習パラダイムの転換	溝上慎一	二四〇〇円
大学生の学習ダイナミクス ―授業内外のラーニング・ブリッジング	河井亨	四五〇〇円
「学び」の質を保証するアクティブラーニング ―3年間の全国大学調査から	河合塾編著	二八〇〇円
「深い学び」につながるアクティブラーニング ―全国大学の学科調査報告とカリキュラム設計の課題	河合塾編著	二八〇〇円
アクティブラーニングでなぜ学生が成長するのか ―経済系・工学系の全国大学調査からみえてきたこと	河合塾編著	二八〇〇円
初年次教育でなぜ学生が成長するのか ―全国大学調査からみえてきたこと	河合塾編著	二六〇〇円
IT時代の教育プロ養成戦略 ―日本初のeラーニング専門家養成ネット大学院の挑戦	大森不二雄編	二六〇〇円

〒113-0023 東京都文京区向丘1-20-6　TEL 03-3818-5521　FAX 03-3818-5514　振替 00110-6-37828
Email: tk203444@fsinet.or.jp　URL: http://www.toshindo-pub.com/

※定価：表示価格（本体）＋税

東信堂

ハンス・ヨナス「回想記」―科学技術文明のために	H・ヨナス 盛永・木下・馬渕・山本訳	四八〇〇円
責任という原理―科学技術文明のための倫理学の試み（新装版）	H・ヨナス 加藤尚武監訳	四八〇〇円
原子力と倫理―原子力時代の自己理解	Th・齋藤・笠原・後田訳	二八〇〇円
科学の公的責任―科学者と私たちに問われていること	小笠原・野平編訳	二八〇〇円
生命科学とバイオセキュリティ―デュアルユース・ジレンマとその対応	四ノ宮成祥編著	二四〇〇円
バイオエシックス入門（第3版）	河原直人編著	二四〇〇円
医学の歴史	石渡・小川・今井・香川訳	三六〇〇円
死の質―エンド・オブ・ライフケア世界ランキング	加奈恵・飯田・小野訳	二〇〇〇円
生命の神聖性説批判	H・クーゼ 飯田・小野谷・片桐・水野訳	四六〇〇円
医療・看護倫理の要点	水野俊誠	二〇〇〇円
概念と個別性―スピノザ哲学研究	朝倉友海	四六四〇円
〈現われ〉とその秩序―メーヌ・ド・ビラン研究	村松正隆	三八〇〇円
省みることの哲学―ジャン・ナベール研究	越門勝彦	三八〇〇円
ミシェル・フーコー―批判的実証主義と主体性の哲学	手塚博	三二〇〇円
カンデライオ 〈ジョルダーノ・ブルーノ著作集 1巻〉	加藤守通訳	三二〇〇円
原因・原理・一者について 〈ブルーノ著作集 3巻〉	加藤守通訳	三三〇〇円
傲れる野獣の追放 〈ブルーノ著作集 5巻〉	加藤守通訳	四八〇〇円
英雄的狂気 〈ブルーノ著作集 7巻〉	加藤守通訳	三六〇〇円
〔哲学への誘い―新しい形を求めて 全5巻〕		
哲学の立ち位置	松永澄夫編	三二〇〇円
哲学の振る舞い	松永澄夫編	三二〇〇円
社会の中の哲学	松永澄夫編	三二〇〇円
世界経験の枠組み	松永澄夫編	三二〇〇円
自己	松永澄夫編	三二〇〇円
価値・意味・秩序―もう一つの哲学概論：哲学が考えるべきこと	松永澄夫	三九〇〇円
哲学史を読むI・II	松永澄夫	各三〇〇〇円
言葉は社会を動かすか	松永澄夫編	三八〇〇円
言葉の働く場所	松永澄夫編	三三〇〇円
食を料理する―哲学的考察	松永澄夫	二〇〇〇円
言葉の力〈音の経験・言葉の力第I部〉	松永澄夫	二五〇〇円
音の経験〈音の経験・言葉の力第II部〉―言葉はどのようにして可能となるのか	松永澄夫	二八〇〇円

〒113-0023　東京都文京区向丘1-20-6
TEL 03-3818-5521　FAX 03-3818-5514　振替 00110-6-37828
Email tk203444@fsinet.or.jp　URL:http://www.toshindo-pub.com/

※定価：表示価格（本体）＋税

東信堂

オックスフォード キリスト教美術・建築事典	P&L・マレー著 中森義宗監訳	三〇〇〇〇円
イタリア・ルネサンス事典	J・R・ヘイル編 中森義宗監訳	七八〇〇円
美術史の辞典	中森義宗・P・デューロ他編	三六〇〇円
書に想い 時代を読む	中森義宗・清水忠訳	一八〇〇円
日本人画工 牧野義雄―平治ロンドン日記	ますこ ひろしげ	五四〇〇円
〈芸術学叢書〉		
芸術理論の現在―モダニズムから	谷川渥編著	三八〇〇円
絵画論を超えて	尾崎信一郎	四六〇〇円
美を究め美に遊ぶ―芸術と社会のあわい	江藤光紀	二八〇〇円
バロックの魅力	荻野厚志編著	二六〇〇円
新版 ジャクソン・ポロック	小穴晶子編	二六〇〇円
美学と現代美術の距離 ―アメリカにおけるその乖離と接近をめぐって	藤枝晃雄	三八〇〇円
ロジャー・フライの批評理論―知性と感受	金悠美	三八〇〇円
レオノール・フィニ―境界を侵犯する新しい種	尾形希和子	二八〇〇円
いま蘇るブリア＝サヴァランの美味学	要真理子	四二〇〇円
	川端晶子	三八〇〇円
〔世界美術双書〕		
バルビゾン派	井出洋一郎	二三〇〇円
キリスト教シンボル図典	中森義宗	二三〇〇円
パルテノンとギリシア陶器	関隆志	二三〇〇円
中国の版画―唐代から清代まで	小林宏光	二三〇〇円
象徴主義―モダニズムへの警鐘	中村隆夫	二三〇〇円
中国の仏教美術―後漢代から元代まで	久野美樹	二三〇〇円
日本の南画	浅野春男	二三〇〇円
セザンヌとその時代	武田光一	二三〇〇円
画家とふるさと	小林忠	二三〇〇円
ドイツの国民記念碑―一八一三年	大原まゆみ	二三〇〇円
日本・アジア美術探索	永井信一	二三〇〇円
インド、チョーラ朝の美術	袋井由布子	二三〇〇円
古代ギリシアのブロンズ彫刻	羽田康一	二三〇〇円

〒113-0023 東京都文京区向丘 1-20-6
TEL 03-3818-5521 FAX03-3818-5514 振替 00110-6-37828
Email tk203444@fsinet.or.jp URL:http://www.toshindo-pub.com/

※定価：表示価格（本体）＋税